Allan & Barbara Pease

Eine dumme Frage ist besser als jede kluge Antwort

Allan & Barbara Pease

Eine dumme Frage ist besser als jede kluge Antwort

Wie man erfolgreich überzeugt

Aus dem Englischen von Heike Schlatterer,
Ursula Pesch und Karin Schuler

Illustrationen von Jacob Werth

Ullstein

Für Barbara Pease, die aus Kohle
Diamanten machen kann

Inhalt

2. Wie man ein »Ja« erhält 33

Einleitung

Luke und Mia

Luke arbeitete als Bauunternehmer mit dem Ehrgeiz, ein finanziell erfolgreiches Unternehmen zu führen. Seine Ehefrau Mia wurde von ihren Auftraggebern als Buchhalterin sehr geschätzt. Eines Tages lud ihr Nachbar Martin sie zu einem Treffen ein, bei dem es um eine Geschäftsidee gehen sollte. Martin erzählte ihnen nicht viel darüber, aber das Treffen fand nur ein paar Häuser weiter statt, und da sie Martin mochten, beschlossen Luke und Mia, einmal hinzugehen. Vielleicht würden sie ja auch neue Nachbarn kennen lernen.

Die beiden konnten gar nicht glauben, was sie bei diesem Treffen sahen und hörten. Ein Network-Marketing-Plan wurde ihnen vorgestellt, der ihnen die Chance auf finanzielle Unabhängigkeit und einen Erfolg versprach, von dem sie bisher noch nicht einmal zu träumen gewagt hatten. Tagelang redeten sie von nichts anderem. Sie beschlossen einzusteigen, denn sie dachten: »Sicher will **jeder** mitmachen, der den Plan zu sehen bekommt.«

Aber es war nicht so einfach, wie sie dachten. Nicht jeder schien ihre Begeisterung zu teilen, manche Leute kamen erst gar nicht zu ihren Treffen, um Näheres zu hören, und einige ihrer engsten Freunde wollten überhaupt nichts davon wissen. Dennoch bauten sie sich allmählich ein solides Unternehmen auf. Es ging allerdings nicht so schnell, wie sie es gern gehabt hätten.

»Stell dir mal vor«, sagte Luke zu Mia, »die Leute könnten uns erzählen, warum sie beim Network-Marketing mitmachen **sollten,** und wir müssten nicht versuchen, sie davon zu überzeugen. Wenn es da nur einen Weg gäbe ...«

Es gibt einen Weg – und dieses Buch will Ihnen diesen Weg aufzeigen.

Die meisten Menschen glauben, dass sie gewiefte Vertriebsprofis sein müssen, um darin erfolgreich zu sein, und haben deshalb Bedenken, ins Network-Marketing einzusteigen. Dieses Buch bietet ein einfaches System, das Ihnen erlauben wird, relativ leicht neue Interessenten zu gewinnen. Es gibt keine Tricks, nur Techniken und Prinzipien, die funktionieren – vorausgesetzt, Sie wenden sie wirklich an.

Warum ich dieses Buch geschrieben habe

Als ich 1980 das erste Mal mit Network-Marketing in Berührung kam, war ich verblüfft, dass es eine so tolle und dabei einfache, legale, ethisch vertretbare, amüsante und lukrative Geschäftsmöglichkeit geben konnte. Und es war keines dieser »Wie werde ich in dreißig Tagen reich«-Projekte – es war ein »Wie werde ich reich«-**System**.

In den zehn Jahren zuvor hatte ich Kommunikations- und Verkaufstechniken erforscht und entwickelt, mit deren Hilfe Unternehmen ihre Gewinne vervielfachen konnten. Ich dachte: »Wow! Wenn ich diese enorm erfolgreichen Techniken ins Network-Marketing einführen könnte, dann wären die Ergebnisse bestimmt unglaublich!«

Dieses Buch ist das Ergebnis einer jahrelangen Anpassung, Modifizierung, Prüfung und Umsetzung der Techniken auf das Network-Marketing. Sie werden einfache, leicht erlernbare Fähigkeiten entdecken, die Sie auf dem Weg zu großem Erfolg ebenso voranbringen werden wie

Tausende andere, die diese Techniken genau wie Sie gerade entdecken oder bereits anwenden.

Und das Großartige daran ist, dass Sie nichts verändern müssen, was Sie schon von der Pike auf gelernt haben. Mit nur rund zwei Stunden Studium und einigem intensiven Training können Sie ein erfolgreiches Unternehmen aufbauen.

Das Versprechen

Zu dem System, das Sie in diesem Buch erlernen werden, gehört auch ein Versprechen.

Wenn Sie versprechen, die Technik auswendig zu lernen und in den ersten 14 Tagen nicht ein Wort zu ändern, verspreche ich, dass die Ergebnisse Ihre kühnsten Träume übertreffen werden.

Das ist ja wohl ein ziemlich großes Versprechen, oder? Aber es ist ein Deal auf Gegenseitigkeit – ich möchte, dass Sie versprechen, zu üben, zu üben und nochmals zu üben, bis Sie die Worte im Schlaf wiederholen können. Kein Wenn, kein Aber oder Vielleicht – nur eine unerschütterliche Hingabe an das Erlernen der Technik. So werden Sie sich diese Technik auf Dauer aneignen. Eine weite Palette von anderen Unternehmen, denen ich als Berater, Consultant oder Partner zur Seite stand, haben **hunderte Millionen** Dollar verdient, tausende neue Klienten für ihre Belange rekrutiert und ihre Bilanz mit

Hilfe dieses Systems um **20, 50, 100, 500 oder gar 1000 Prozent** gesteigert. Das sind keine Übertreibungen. Was Sie hier lernen, kann Ihr Leben verändern, aber Sie müssen das System vorbehaltlos umsetzen. Wenn Sie damit einverstanden sind, dann sagen Sie laut **JA**, und zwar jetzt.

Wenn Sie nicht laut **JA** gesagt haben, dann springen Sie wieder zurück zum Anfang der Seite 17 und lesen Sie das Ganze noch einmal.

Anmerkung: Wo das Wort »er« steht, bezieht es sich auf Männer und Frauen gleichermaßen. Wenn es um Verhaltensunterschiede zwischen den Geschlechtern geht, wird dies eigens erklärt.

Ihr persönlicher Turbolader

Es gibt so viele hervorragende Bücher und Kassetten darüber, wie man Termine macht und wie man den Geschäftsplan präsentiert, dass diese Themen hier nicht ausführlich besprochen werden müssen. Dieses Buch zeigt Ihnen genau, wie Sie vorgehen, was Sie sagen und wie Sie es sagen müssen, um potenzielle Kunden dazu zu bringen, bei persönlichen Gesprächen »Ja« zu sagen.

Die Informationen hier sollen Ihre Präsentationen rasant verbessern, **ohne** das zu verändern, was Sie schon wissen. Deshalb liegt der Schwerpunkt des Buches auf dem zweiten Schlüssel: **Finden Sie den ›Hot Button‹, den Zugangsschalter!**

Verändern Sie nie etwas, das funktioniert – gehen Sie einfach mit noch mehr Energie ans Werk!

Allan Pease

Teil I

Der Erste Schritt

FOLGE DEINEM TRAUM

Es ist wie so oft im Leben: Nur wenige Menschen können auf den ersten Blick die doch eigentlich so offensichtliche Botschaft der Zeichnung zu Beginn dieses Abschnitts erkennen. Für das ungeschulte Auge besteht sie einfach aus einer Reihe unzusammenhängender Linien in willkürlicher Anordnung. Wenn Sie aber lernen, »zwischen den Linien« zu lesen, werden Sie feststellen, dass Sie Ihre Perspektive nur ein wenig verändern müssen, um die Lösung des Rätsels zu entdecken. Und genau das werden wir Ihnen in diesem Buch beibringen. (Halten Sie diese Seite in einem Winkel nach unten und von sich weg und schließen Sie ein Auge.)

Die fünf goldenen Regeln des Erfolgs

Im zarten Alter von elf Jahren sollte ich Haushaltsschwämme verkaufen. Mit dem eingenommenen Geld wollten wir einen Raum für unsere Pfadfindergruppe ausbauen. Der Führer unserer Gruppe, ein weiser alter Mann, verriet mir ein Geheimnis; ich nenne es das **Gesetz der Konsequenz**. Ich habe nach diesem Gesetz gelebt und garantiere, dass jeder, der es praktiziert, schließlich Erfolg haben muss. Ich gebe Ihnen das Gesetz genau so weiter, wie ich es empfangen habe – »Erfolg ist ein Spiel – je häufiger du spielst, desto öfter gewinnst du. Und je öfter du gewinnst, desto erfolgreicher spielst du.«

Übertragen wir diese Regel auf das Network-Marketing:

»Wenn man mehr Menschen auffordert, einzusteigen, werden mehr Menschen einsteigen – und je häufiger man sie fragt, ob sie einsteigen, desto besser wird man im Fragen.« Mit anderen Worten, man muss möglichst viele Menschen zum Mitmachen auffordern.

Regel Nr. 1
Kontaktieren Sie mehr Menschen

Das ist die wichtigste Regel. Reden Sie mit jedem, der lange genug stehen bleibt, um Ihnen zuzuhören. Stellen Sie nicht zu hohe Ansprüche an Ihre Interessenten und versuchen Sie nicht, mit Hilfe von psychologischen Überlegungen gute potenzielle Kunden aus dem Kartenspiel herauszusortieren. Wenn Sie Ihre Liste von angehenden Kunden durchsehen und sagen: »... die sind zu alt ... zu jung ... zu reich ... zu arm ... zu distanziert ... zu clever ...« usw., dann sind Sie auf einem Weg, auf dem Sie einfach scheitern **müssen.** In den frühen Phasen des Geschäftsaufbaus sollten Sie mit jedem sprechen, weil Sie die Übung brauchen. Wenn Sie mit jedem über Ihr Geschäft reden, dann bestätigt allein schon das Gesetz der Durchschnitte, dass Sie erfolgreich sein werden, die Frage ist nur, **wie** erfolgreich. Es gibt kein Problem bei Ihrer geschäftlichen Tätigkeit, das nicht durch gesteigerte Aktivität gelöst werden könnte. Wenn Sie deprimiert über die Richtung sind, in die Ihr Leben sich bewegt, dann verdoppeln Sie einfach die Zahl Ihrer Präsentationen. Wenn

Ihr Geschäft nicht so schnell auf eigenen Füßen steht, wie Sie es gerne möchten, steigern Sie Ihren Output. Gesteigerte Aktivität ist ein Allheilmittel für die meisten Sorgen, die Sie je haben werden. **Reden Sie mit jedem.** Das ist die erste Regel.

Regel Nr. 2
Kontaktieren Sie mehr Menschen

Gehen Sie immer wieder auf die Menschen zu. Sie mögen der beste Verkäufer der ganzen Stadt sein, doch wenn Sie nicht genug Interessenten kontaktieren, dann sind Sie raus aus dem Geschäft. Sie können sich noch so gut anziehen und eine noch so großartige Ausstrahlung haben – ohne eine beträchtliche Menge von Präsentationen werden Sie nur Durchschnitt sein. Reden Sie mit jedem.

Regel Nr. 3
Kontaktieren Sie mehr Menschen

Viele Networker wursteln sich so durch und reizen ihr Potenzial nie voll aus. Ihrer Ansicht nach liegt das an den Interessenten, die sie nicht haben überzeugen können. Aber das stimmt nicht – es liegt an den Interessenten, die sie nicht aufgesucht haben.

Erzählen Sie Ihre Geschichte immer wieder. Wenn Sie nur diese ersten drei Regeln befolgen, werden Sie schon unglaublich erfolgreich sein!

Regel Nr.4
Nutzen Sie das Gesetz der Durchschnitte

Das Gesetz der Durchschnitte steuert den Erfolg aller Aktivitäten im Leben. Es besagt: Wenn man die gleiche Sache auf die gleiche Art unter den gleichen Umständen immer und immer wieder macht, dann kommen dabei die immer gleichen Ergebnisse heraus.

Die durchschnittliche Auszahlungsquote eines 1-Dollar-Spielautomaten liegt zum Beispiel bei 10 : 1. Wenn man den Knopf jeweils zehnmal drückt, erhält man im Schnitt einen Gewinn zwischen 60 Cent und 20 Dollar. Die Chance auf einen Gewinn zwischen 20 und 100 Dollar liegt bei 118 : 1. Man braucht dazu praktisch keine besonderen Fähigkeiten; die Maschinen sind darauf programmiert, nach Durchschnitten und Prozentwerten auszuzahlen.

Im Versicherungsgeschäft stieß ich auf einen Durchschnitt von 1 : 56. Das heißt: Wenn ich auf die Straße ging und eine negative Frage stellte wie etwa: »Sie wollen nicht zufällig eine Lebensversicherung kaufen, oder?«, dann antwortete eine von 56 Personen mit »Doch«. Das bedeutete: Wenn ich diese Frage 168 Mal am Tag stellte, erzielte ich drei Abschlüsse und gehörte zu den besten 5 Prozent der Verkäufer!

Wenn Sie sich an eine Straßenecke stellen und jeden, der an Ihnen vorbeikommt, ansprechen würden: »Wie wär's, hätten Sie nicht Lust, sich mir in einem Networking-Geschäft anzuschließen?«, würden Sie zu einem Ergebnis nach dem Gesetz der Durchschnitte kommen. Vielleicht einer von hundert würde mit »Ja« antworten.

Das Gesetz der Durchschnitte funktioniert immer.

Als ich als Kind Haushaltsschwämme für 20 Cent pro Stück verkaufte und damit von Tür zu Tür zog, hatte ich einen Durchschnitt von

10 : 7 : 4 : 2

Bei jeweils zehn Türen, an die ich zwischen 16 Uhr und 18 Uhr klopfte, öffneten sieben Bewohner. Vier hörten sich mein Sprüchlein an und zwei kauften einen Schwamm, also verdiente ich 40 Cent, was 1962 eine Menge Geld war, besonders für einen Elfjährigen. Ich konnte leicht an dreißig Türen pro Stunde klopfen, also konnte ich in zwei Stunden zwölf Verkäufe tätigen und 2,40 Dollar einnehmen. Weil ich verstand, wie die Durchschnitte funktionierten, machte ich mir nie Gedanken über die drei Türen, die sich nicht öffneten, oder die zwei Leute, die nichts kauften. Ich wusste nur: Wenn ich an zehn Türen klopfte, würde ich 40 Cent verdienen. Das hieß: Jedes Mal, wenn meine Hand eine Tür berührte, verdiente ich 4 Cent, egal was passierte.

Das war eine starke Motivation für mich – einfach an zehn Türen klopfen und 40 Cent verdienen! Es ging jetzt nur noch darum, wie schnell ich an diese Türen klopfen konnte, um erfolgreich zu sein.

Schreiben Sie sich ihre Erfolgsraten auf

Buch zu führen über die Durchschnitte und Statistiken meiner Verkaufsaktivität war eine starke Motivationshilfe.

Bald war es mir egal, ob eine Tür verschlossen blieb, ob jemand nicht zuhörte oder nichts kaufte. So lange ich an viele Türen klopfte und versuchte, meine Präsentation abzuspulen, hatte ich Erfolg. Also konnte ich mich entspannen und mit Freude darangehen, Klinken zu putzen.

Wenn man Durchschnitte und Statistiken aufzeichnet, bleibt man positiv und arbeitet zielgerichtet

Dies ist der Schlüssel zu dauerhafter Motivation und dem Umgang mit Zurückweisung. Wenn man sich auf seinen Durchschnitt konzentriert, ist einem alles andere egal. Man ist motiviert, so schnell wie möglich an die nächste Tür zu klopfen. Wenn man das Gesetz der Durchschnitte nicht begriffen hat, lässt man sich von dem motivieren, *was einem als Nächstes passiert.* Wenn jemand »Nein« sagt, verliert man womöglich den Mut. Wenn eine Tür sich nicht öffnet, reagiert man deprimiert. Wenn man das Gesetz der Durchschnitte akzeptiert und versteht, spielt das alles keine Rolle. Indem man eine Statistik der Besuche/Präsentationen/neuen Mitglieder führt, entwickelt man schnell sein eigenes Durchschnittssystem.

Mein persönlicher 9-Dollar-Spielautomat

Als Teenager hatte ich abends einen Job, bei dem ich Töpfe, Pfannen, Bettwäsche und Laken verkaufen sollte, hauptsächlich über Empfehlungen von Kunden. Meine Raten sahen so aus:

5 : 3 : 2 : 1

Von fünf potenziellen Kunden, die ich anrief, gaben mir drei einen Termin. Allerdings konnte ich meine Präsentation nur bei zweien von ihnen anbringen, weil der dritte mir dann doch einen Korb gab, den Termin absagte, nicht zuhörte oder einen anderen Einwand hatte, den ich nicht beeinflussen konnte. Von den beiden, die zuhörten, kaufte einer, und ich verdiente 45 Dollar. Wenn ich also fünf Leute anrief, bekam ich einen Auftrag im Wert von 45 Dollar, bei jedem Anruf also 9 Dollar.

Jedes »Ja« am Telefon war damit 15 Dollar wert, unabhängig davon, ob derjenige schließlich kaufte oder nicht, ob er überhaupt ein Verkaufsgespräch mit mir führte. Und unabhängig davon, was er zu mir sagte! Das war einfach phantastisch!

Ich malte mir ein großes Schild mit »9 $« darauf und stellte es neben mein Telefon. Bei jedem, der abhob, verdiente ich 9 Dollar. Bei jedem, der einem Termin zustimmte, waren es 15 Dollar. Damit hatte ich mein Schicksal selbst in der Hand! Die meisten anderen Vertreter waren deprimiert, wenn ein potenzieller Kunde »Nein« sagte.

Bald war ich landesweit der beste Verkäufer des Unternehmens.

Meine Durchschnitte von 5 : 3 : 2 : 1 umgesetzt in –

Anrufe	$ 9,00
Termine	$ 15,00
Präsentationen	$ 22,50
Abschlüsse	$ 45,00

Ich suchte nie nach Menschen, die mir vielleicht etwas abkaufen würden. Mein Hauptziel war es, die Menschen, die ich anrief, zu Interessenten zu machen.

Dies ist der Schlüssel zum Erfolg. Halten Sie nicht nach neuen Vertriebspartnern Ausschau – suchen Sie vielmehr nach Interessenten, die Ihrer Präsentation zuhören. Das Gesetz der Durchschnitte sorgt dann für alles Weitere.

Zu den ganz Großen gehören

Mit 20 Jahren begann ich, als Vertreter für Lebensversicherungen zu arbeiten. Mit 21 war ich der Jüngste, der jemals Lebensversicherungen für mehr als eine Million Dollar im ersten Jahr verkauft hatte, und qualifizierte mich damit für den *Million Dollar Round Table Club.*

Meine Durchschnitte lagen bei:

10 : 5 : 4 : 3 :1

Von jeweils zehn Personen, die ans Telefon gingen, stimmten fünf einem Treffen zu, einer kam nicht, also blieben noch vier. Von diesen vier hörten sich nur drei meine Präsentation bis zum Ende an; einer kaufte, und ich verdiente 300 Dollar. Ich konzentrierte mich immer darauf, fünf Personen zu einem Treffen zu bewegen. Ich kümmerte mich nie besonders um diejenigen, die nicht zum Termin erschienen; oder um die, die mir nicht zuhörten, oder um die beiden, die schließlich nichts kauften. Sie alle waren nur ein notwendiger Bestandteil der Suche nach dem Käufer. Wenn ein Interessent nicht zum vereinbarten Termin erschien, war mir das eigentlich egal, weil ich ja schon davon ausgegangen war, dass mich einer versetzen würde, und wenn es also passierte, verdiente ich immer noch 60 Dollar.

Es geht immer nur um Zahlen

Ich wusste, dass ich nach zehn Telefongesprächen fünf Termine und einen Abschluss mit einem Verdienst von 300 Dollar haben würde. Also verdiente ich jedes Mal 30 Dollar, wenn am anderen Ende der Leitung jemand den Hörer abhob.

Mein Durchschnitt von 10 : 5 : 4 : 3:1 umgesetzt in –

Anrufe	$ 30,00
Termine	$ 60,00
Präsentationen	$ 75,00
Beendete Präsentationen	$ 100,00
Abschlüsse	$ 300,00

Mit 21 hatte ich ein eigenes Haus, fuhr einen neuen Mercedes und lebte insgesamt ziemlich gut. Es ging jetzt einfach nur darum, wie oft ich Gruppen von fünf Interessenten am Telefon dazu brachte, »Ja« zu einem Treffen zu sagen.

Regel Nr. 5
Verbessern Sie Ihren Durchschnitt

Im Versicherungsgeschäft wusste ich, dass ich jedes Mal, wenn ich am Telefon mit jemandem – egal mit wem –

sprach, 30 Dollar verdiente. Doch meine Rate von zehn Anrufen und fünf Terminvereinbarungen war meiner Ansicht nach noch nicht gut genug, denn damit verbrannte ich zu viele angehende Kunden. Ich brauchte ein System, das wenigstens in acht von zehn Fällen zu einem Treffen führte. Dann würde ich nicht so aufwändig nach neuen möglichen Interessenten suchen müssen, weil ich nicht schon am Telefon so viele Absagen erhielt. Meine Rate von 5 : 4 bei den Terminen und Präsentationen bedeutete, dass 20 % meiner Kunden gar nicht erst erschienen, also konnte ich diese Lücke schließen, indem ich *besser geeignete* Interessenten anrief. Und auch mein Durchschnitt bei den Präsentationen und Abschlüssen von 3 : 1 konnte noch verbessert werden. Aber ich war mir immer der Tatsache bewusst: **Auch wenn ich gar nichts änderte,** verdiente ich jedes Mal 30 Dollar, sobald ich zum Hörer griff.

Das Gesetz der Durchschnitte arbeitet immer für Sie

Wenn man Buch über diese Durchschnitte führt, bleibt man gelassener. Man sieht, wo man sich verbessern muss und wie erfolgreich man sein kann. Man konzentriert sich auf die Aktivitäten, die Ergebnisse bringen, nicht darauf, was einem wohl als Nächstes passiert.

Durchschnitte in einem Networking-Geschäft

Seit den siebziger Jahren trainiere ich Menschen, die im Network-Marketing arbeiten, und habe die Ergebnisse von Einzelpersonen und Organisationen gesammelt, die damit wirklich erfolgreich waren.

Ein typischer Durchschnitt im Network-Marketing sieht so aus:

10 : 6 : 3 : 1

Von jeweils zehn Interessenten, die einer Präsentation zuhören, lassen sich sechs mitreißen und sagen, dass sie bei dem Geschäft mitmachen wollen. Die Hälfte davon macht wirklich mit und einer von diesen dreien wird selbst erfolgreich, einer verschwindet irgendwann von der Bildfläche und der letzte kauft lediglich weiterhin die Produkte. Nach zehn Gesprächen über diese Geschäftsidee kann man also mit einem produktiven langfristigen Vertriebspartner rechnen.

Und jetzt kommt die große Frage:

Wie lange brauchen Sie, um mit 10 Menschen über das Geschäft zu sprechen?

Ihre Antwort auf diese Frage bestimmt Ihre Wachstumsrate. Es ist kein Problem, Lebensversicherungen im Wert von einer Million Dollar zu verkaufen – manche brauchen dafür nur länger als andere. Manche brauchen drei bis fünf Jahre, andere nur eines – und dafür gibt es dann Preise und Auszeichnungen. Ich organisierte meine Kontakte so, dass ich alle zwölf Wochen eine Million verkaufen konnte. Es war also ein **Planungsproblem** – kein Verkaufsproblem! Beim Network-Marketing ist es genau das Gleiche. Dass viele, die damit arbeiten, es nicht schaffen, in die luftigen Höhen des Erfolgs aufzusteigen, liegt nicht an den Interessenten, die sie nicht überzeugen – es liegt an den Interessenten, mit denen sie erst gar nicht in Kontakt treten! Wenn Sie Ihre Ergebnisse sofort verdoppeln wollen, liegt hier die Antwort:

Nehmen Sie in diesem Jahr Kontakt zu den Interessenten des nächsten Jahres auf

Im nächsten Jahr werden Sie neue potenzielle Kunden kontaktieren und ihnen etwas über das Geschäft erzählen, stimmt's? Gut, dann treten Sie **früh** an sie heran! Besuchen Sie sie noch **dieses** Jahr – gehen Sie los und besuchen Sie sie **jetzt!** Es geht darum, gut organisiert und hoch motiviert zu sein und mit so vielen Leuten wie nur möglich zu reden. Nehmen Sie mit allen so bald wie möglich Kontakt auf! **Durchschlagender** Erfolg beim Networking entsteht nicht durch überragende Überzeugungsarbeit, sondern durch Organisation und Disziplin, durch das Kontaktieren möglichst vieler Menschen – und zwar so schnell wie möglich. Es ist nur ein Lernprozess nötig, um die Durchschnitte zu verbessern.

Teil 2

Wie man ein »Ja« erhält

Die Vier-Schlüssel-Technik

Wenn Sie über das Geschäft reden – glauben Ihre potenziellen Kunden Ihnen dann?

Die Antwort ist kurz – **nein.** Der Interessent geht davon aus, dass Sie versuchen, ihn zu einer Zusage zu überreden. Er wartet darauf, dass Sie mit dem Verkauf beginnen, also ist er wahrscheinlich auf der Hut oder reagiert abwehrend – unabhängig davon, wie gut Sie ihn kennen. Sie stehen vor folgendem Problem:

Der potenzielle Kunde wird Einwände gegen alles erheben, was Sie sagen

Nicht etwa, weil Sie etwas Falsches gesagt haben, sondern weil **Sie** es gesagt haben. Wenn Sie es sagen, ist es Ihre Idee, nicht die des Kunden, und so fühlt er sich dazu veranlasst, Einwände zu formulieren. Andererseits –

Alles, was Ihr Kunde sagt, ist wahr

Wenn er es sagt, ist es **seine** Idee, nicht Ihre. Dadurch wird die Idee akzeptabel und er fühlt sich nicht gedrängt, irgendetwas einzuwenden.

Mit Hilfe der Technik, die Sie bald kennen lernen werden, können Sie Ihre Interessenten dazu bringen, Ihnen zu erzählen, was sie wirklich wollen, während **Sie** nur den Part des Zuhörers übernehmen.

Wenn Sie einem Kunden erklären: »Sie werden ein Leben führen können, das Ihnen alle Ihre Wünsche erfüllt«, dann antwortet er vielleicht: »Aber ich bin doch überhaupt nicht unzufrieden mit meinem jetzigen Leben.« Es ist durchaus möglich, dass dies gar nicht stimmt. Er hat den Einwand nur erhoben, weil **Sie** eine Aussage gemacht haben.

Wenn Ihr Kunde jedoch *genau diese Aussage macht,* dann stimmt sie auch. Wenn er zum Beispiel erklärt: »Ich möchte gern meinen Lebensstil verbessern und mehr von den guten Dingen im Leben haben«, dann gibt es da keine Einwände. Es war seine Idee, nicht Ihre.

Wenn Sie die Vier-Schlüssel-Technik anwenden, werden Ihnen Ihre Kunden erzählen, was sie wirklich wollen, während Sie nur zuhören.

Warum Menschen Einwände erheben

Einmal fragte ich einen Networker, wie es mit einer Interessentin in einer der letzten Präsentationen gelaufen sei. Er antwortete: »Nicht besonders gut – sie war nicht richtig interessiert.« Ich fragte ihn, was er damit meinte, und er wiederholte noch einmal: »Ich habe wirklich keine Ahnung – sie war einfach nicht interessiert.«

Es gibt keine uninteressierten Kunden, sondern nur uninteressante Präsentationen

Eigentlich meinte er damit allerdings, dass er, der Networker, nicht besonders interessant war.

Die Sache ist die: Wenn Sie interessant sind, werden Ihre Kunden interessiert sein.

Die vier Schlüssel zum Schatzkästchen des Network-Marketing

Diese vier Schlüssel bieten die richtige Kombination, um von einem Kaltstart aus in der kürzest möglichen Zeit zu einem »Ja« zu gelangen.

Der Zweck der Eröffnungsphase besteht, darin, eine gute Beziehung zu Ihren Kunden herzustellen, indem Sie ihnen etwas von sich erzählen und etwas über Ihre Kunden erfahren. Das Ziel dieses Schlüssels ist nur, sich selbst gut zu verkaufen. Wenn jemand Sie mag, dann stehen die Chancen gut, dass er auch das mag, was Sie mitbringen. Es hat wenig Sinn, Interessenten den Plan darzulegen, wenn sie Sie nicht mögen oder Ihnen nicht trauen.

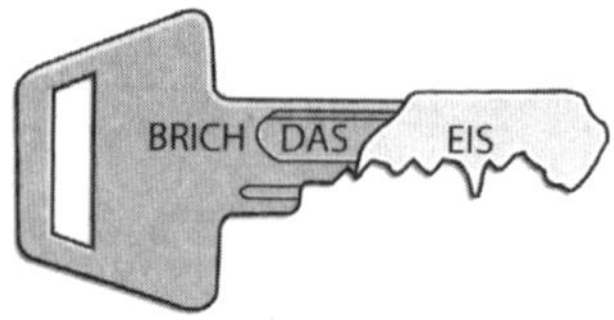

Wie viel Zeit sollten Sie sich für diese Phase nehmen?

So viel, wie Sie brauchen, um sich selbst gut zu verkaufen und Vertrauen aufzubauen

Wenn Sie Vertrauen geschaffen haben, wird Ihr Gegenüber Ihnen auch richtig zuhören, und mehr wollen Sie ja gar nicht. Bei einigen Interessenten dauert diese Phase nur drei oder vier Minuten, bei anderen dreißig oder vierzig.

Sie müssen sich absolut im Klaren darüber sein, was in dieser Phase passieren wird. Die Menschen reagieren vielleicht emotional aufgewühlt; sie regen sich auf, sind niedergeschlagen, besorgt oder sogar wütend. Nicht wütend über Sie, sondern über sich selbst. **In diesem Teil der Präsentation ist kein Raum für Selbstzufriedenheit!** Wenn Menschen zufrieden mit ihren

Zielen und Ambitionen sind, dann werden sie selbstzufrieden in ihren Arbeitsgewohnheiten. Selbstzufriedene Menschen können Sie in Ihrem Network nicht brauchen. Menschen mit starken emotionalen Gründen für einen Beitritt zum Netzwerk sind auch motiviert, es zum Laufen zu bringen. In dieser Phase lernen Sie, wie man den **primären Motivationsfaktor** oder **PMF** erkennt.

Der PMF der Interessenten ist der Grund, weshalb sie bei Ihrem Geschäft mitmachen möchten.

Eines von beidem motiviert jeden Menschen:
Gewinne zu machen
oder
Verluste zu vermeiden

Mit Hilfe dieses Schlüssels lernen Sie, den PMF Ihrer Kunden zu entdecken und ihnen Feuer unter dem Hintern zu machen, sobald Sie ihn gefunden haben. Hier geht es darum, dass Ihre potenziellen Kunden Ihnen erzählen, welche Gewinne sie machen oder welche Verluste sie vermeiden wollen (siehe oben). Es ist der wichtigste der vier Schlüssel, weil Ihre Kunden ihre Hoffnungen, Träume und Ängste verbalisieren.

Warum Menschen kaufen

Unsere Forschungen haben gezeigt, dass die primären Motivationsfaktoren der meisten Menschen für den Beitritt zu einer Network-Marketing-Organisation folgende sind:

Zusätzliches Einkommen
Finanzielle Unabhängigkeit
Selbständigkeit
Mehr Freizeit
Persönliche Weiterentwicklung
Unterstützung für andere
Neue Bekanntschaften
Finanzielle Absicherung im Ruhestand
Ein Erbe hinterlassen

Wenn Sie sich diese Liste ansehen, finden Sie darauf sicher auch **Ihren** primären Grund für Ihren Einstieg ins Network-Marketing. Es gibt wahrscheinlich auch noch einige sekundäre Gründe, aber einer dominiert immer. Und das ist Ihr primärer Motivationsfaktor.

Dieser PMF ist also von absoluter Wichtigkeit, aber ebenso wichtig ist die Einsicht:

Nicht jeder hat denselben primären Motivationsfaktor für den Einstieg ins Network-Marketing wie Sie

Sie zum Beispiel mögen Schokoladeneis. Das heißt aber noch lange nicht, dass das bei allen so ist. Manche bevorzugen Erdbeere oder Karamel. Wenn Sie jedoch Schokoladeneis lieben, dann fällt es Ihnen nicht nur leicht, darüber zu reden, sondern Sie wollen diese Erfahrung auch mit allen teilen, und Sie können gar nicht verstehen, warum nicht alle so begeistert davon sind. Die meisten Menschen mögen Schokoladeneis, aber es ist nicht unbedingt ihr Lieblingseis. Manche reagieren sogar allergisch darauf.

Im Folgenden habe ich **Geschichten aus dem wahren Leben** gesammelt, die die Kraft des primären Motivationsfaktors zeigen.

Warum Ron nicht mitmachte

Albert war ein Vertriebspartner. Er engagierte sich im Network-Marketing, weil er finanziell unabhängig sein wollte. Er wollte sein eigener Chef sein und sein Einkommen selbst bestimmen. Er wollte die Freiheit, zu kommen und zu gehen, wie es ihm gefiel, seine Kinder in die besten Schulen zu schicken, ein Ferienhaus zu haben und so weiter. **Finanzielle Unabhängigkeit** war sein primärer Motivationsfaktor, weil damit alle diese Dinge zu erreichen waren. Er verfolgte seine Ziele engagiert und konnte endlos und mit echter Begeisterung über sie sprechen.

Auf einer lokalen Veranstaltung, bei der Spenden gesammelt wurden, lernte er einen potenziellen Interessenten namens Ron kennen und lud ihn ein, sich die Sache einmal genauer anzusehen. Albert legte Ron den Plan mit seinem üblichen großen Enthusiasmus dar. Ron war beeindruckt. Er sagte, er wolle einsteigen.

Aber Albert sah Ron nie wieder und wunderte sich oft darüber, was denn wohl vorgefallen war. Warum hatte Ron nicht mitgemacht?

Das Problem lag darin, dass Rons primärer Motivationsfaktor nicht die finanzielle Unabhängigkeit war. Er hatte nicht den Ehrgeiz, reich zu sein, in einem großen Haus zu wohnen und ein schickes Auto zu fahren. Er war zufrieden mit dem bescheidenen Häuschen, das er von seiner Mutter geerbt hatte. Außerdem fuhr er lieber mit dem Zug und las auf der Fahrt Zeitung, statt jeden Morgen im Stau zu stehen. Ron fand, dass finanzielle Unabhängigkeit ja ganz gut und schön war, aber sie allein war in seinen Augen nicht genug, um sich zu engagieren.

Was Ron *eigentlich* motivierte, war die Aussicht, neue Bekanntschaften zu knüpfen, Neues zu lernen und seiner Gemeinde zu nützen – deshalb hatte er ja auch beim Spendensammeln mitgemacht. Aber er war in dem Gespräch nicht dazu gekommen, über diese Dinge zu reden, denn Albert war viel zu sehr damit beschäftigt, ihm etwas von finanzieller Unabhängigkeit vorzuquatschen. Ron war sicherlich von Alberts begeisterter Präsentation mitgerissen, doch am nächsten Morgen sah er das Ganze viel nüchterner. Ein paar Tage später hatte Ron Alberts so überaus begeisterte Präsentation schon wieder vergessen. Rons primärer Motivationsfaktor, andere zu unterstützen, war nicht angesprochen worden.

Jans Fehleinschätzung

Jan war eine 34-jährige alleinerziehende Mutter von zwei Kindern. Seit zwei Jahren war sie im Network-Marketing aktiv. Auf einer Einladung zum Abendessen lernte sie David kennen. Er interessierte sich offenbar für ihre Networking-Aktivitäten und bat sie, ihm Genaueres zu erzählen. Jans eigener PMF war die freie Zeiteinteilung gewesen, die ihr genügend Zeit für ihre beiden Kinder ließ, aber sie war sich darüber im Klaren, dass dies nicht für jeden die oberste Priorität hatte.

David war Mitte fünfzig und selbständiger Raumpfleger, also nahm Jan an, dass der Ruhestand ganz oben auf seiner Prioritätenliste stehen würde. Als sie über das Geschäft sprach, konzentrierte sie sich vor allem darauf, dass es dem Vertriebspartner einen angenehmen Ruhestand ermöglichte.

Sie war am Boden zerstört, als David ihr am Ende des Abends eröffnete, dass er gar nicht daran dachte, sich irgendwann zur Ruhe zu setzen – in seinen Augen war das ein Tod auf Raten. Jan war von falschen Voraussetzungen ausgegangen und hatte Davids PMF nicht richtig erkannt. Deshalb fühlte er sich nie motiviert, sich ihr anzuschließen.

Gehen Sie nie von irgendwelchen Annahmen aus. Sonst stehen Sie womöglich nachher wie ein IDIOT da.

Wenn Sie bei Ihrem Gegenüber einfach von einem bestimmten PMF ausgehen, laufen Sie große Gefahr, sich zu irren. Und selbst wenn Ihre Vermutung korrekt sein sollte, wird sie damit zu Ihrer Idee und nicht zu der des Interessenten, also hat sie nicht die gleiche Wirkung und Motivationskraft.

Wie entdeckt man den primären Motivationsfaktor?

Für die aufgelisteten primären Motivationsfaktoren benötigen Sie eine visuelle Hilfe. Die Liste kann auf der Rückseite Ihrer Visitenkarte stehen, Sie können sie aber auch als vorbereitete visuelle Hilfe auf eine postkartengroße Karte drucken. Hier ist noch einmal die Liste:

Zusätzliches Einkommen Finanzielle Unabhängigkeit Selbständigkeit Mehr Freizeit Persönliche Weiterentwicklung Unterstützung für andere Neue Bekanntschaften Finanzielle Absicherung Ein Erbe hinterlassen

Und hier ist ein einfacher Trick, wie Sie Ihre Liste präsentieren können. Stellen Sie Ihrem Kunden die folgende Frage:

»Wissen Sie, warum so viele Leute ins Network-Marketing einsteigen?«

Das Schöne an dieser einfachen Frage ist, dass Sie auf das »Nein« Ihres Gesprächspartners antworten können:

»Ich zeige es Ihnen.«

An dieser Stelle können Sie dann Ihre Liste hervorholen. Wenn Ihr Gesprächspartner »ja« sagt, fragen Sie:

»Warum machen die Leute das?«

Ihr Gesprächspartner wird Ihnen einige echte oder unausgegorene Gründe nennen, warum seiner Meinung nach viele ins Network-Marketing einsteigen. Wenn ihm die Argumente ausgehen, fragen Sie: »Noch etwas?« Er antwortet: »Nein«, also sagen Sie:

»Ich zeige es Ihnen«,

und holen Ihre Liste mit den primären Motivationsfaktoren hervor.

Als nächstes stellen Sie die **fünf goldenen Fragen.**

Diese Fragen sind die fünf wertvollsten Fragen, die Sie je stellen werden. Damit begeben Sie sich quasi auf die Überholspur auf dem Weg zum Star des Network-Marketing auf (wenn das Ihr primärer Motivationsfaktor ist). Lernen Sie diese Fragen auswendig und verinnerlichen Sie sie. Die Reihenfolge darf **nicht** verändert werden. Das ist der Teil, den Sie versprochen haben zu lernen.

Und hier sind die fünf goldenen Fragen:

1. Was hat für Sie oberste Priorität?
2. Warum haben Sie sich dafür entschieden?
3. Warum ist das für Sie wichtig?
4. Was wären die Folgen, wenn Sie diese Möglichkeit nicht hätten?
5. Warum macht Ihnen das Sorgen?

Lernen Sie diese Fragen Wort für Wort auswendig. Lassen Sie sich nicht vom Thema abbringen, wenn Sie die Fragen stellen. Es ist von entscheidender Bedeutung, dass die Fragen in der richtigen Reihenfolge gestellt werden.

Manche Networker bevorzugen beim ersten Gespräch mit Interessenten den »neugierigen Ansatz«, andere dagegen den »direkten Ansatz«. In den folgenden Beispielen ist der Ansatz eher direkt, weil er sich leichter darlegen lässt. Die Gespräche, die hier wiedergegeben werden, haben wirklich stattgefunden.

Angie trifft Ray und Ruth

Ray und Ruth waren ein Paar Mitte zwanzig, das gerade erst in ein neues Haus zwei Häuser weiter von Angie eingezogen war. Bei einem nachbarschaftlichen Gespräch erwähnte Angie, dass sie im Bereich Marketing tätig sei und den beiden gerne zeigen würde, was sie mache.

Ruth antwortete, sie seien nicht interessiert, weil sie nicht viel Zeit hätten. Ray habe zwei Jobs, und abends seien sie vollauf damit beschäftigt, ihr neues Heim einzurichten.

Angie antwortete, sie habe festgestellt, dass das bei den meisten Leuten so sei, die zwei Jobs hätten und gerade in ein neues Haus eingezogen seien, aber sie würde ihnen trotzdem gerne etwas über Marketing erzählen, vielleicht würden sie sich ja später einmal dafür interessieren. Angie lud sie ein, auf eine Tasse Kaffe bei ihr vorbeizuschauen. »Würde Samstagnachmittag so gegen vier passen?«, fragte sie. Ray und Ruth waren einverstanden. Sie kamen um vier, und nach einem Plausch und einer Tasse Kaffee erzählte Angie, dass sie im Network-Marketing tätig sei. Ray und Ruth berichteten Angie, was sie über Network-Marketing gehört hatten. Sie hatten Bekannte, die sich darin versucht hatten und gescheitert waren. Sie dachten, es hätte etwas mit Seife zu tun und fragten: »Ist das so etwas wie Amway?« Und so führte Angie das Gespräch:

Angie: »Wissen Sie, warum so viele Menschen ins Network-Marketing einsteigen?«

Ray: »Das funktioniert doch nach dem Schneeball-Prinzip, oder?«

Angie: »Ich zeige es Ihnen.«

Angie (holt ganz nebenbei die Karte mit den primären Motivationsfaktoren hervor): »Das sind wie wichtigsten Gründe für einen Einstieg ins Network-Marketing. **Was hat für Sie oberste Priorität?**«

Ray: »Hmmm ... tja ... Also für uns wäre es die finanzielle Unabhängigkeit.«

Ruth (überzeugt): »Ganz klar!«

Angie: **»Warum haben Sie sich dafür entschieden?«**

Ray: »Weil ich zwei Jobs habe, um das Haus abzuzahlen, und Ruth macht dauernd Überstunden, damit wir einen Notgroschen haben, auf den wir zurückgreifen können, wenn wir eine Familie gründen. Wir wollen, dass unsere Kinder einmal eine gute Ausbildung bekommen. Wir wollen nicht immer jeden Pfennig umdrehen müssen.«

Angie: **»Warum ist das für Sie wichtig?«**

Ray: »Wie ich schon sagte, wir wollen das Haus abbezahlen und unseren Kindern eine gute Ausbildung finanzieren. Ruth und ich hatten nie diese Chance.«

Ruth (fällt ein): »Das stimmt. Meine Eltern hatten immer Mühe, sich über Wasser zu halten. Wir wollen nicht, dass es uns auch so geht.«

Angie: **»Was wären die Folgen, wenn Sie nicht finanziell unabhängig wären?«**

Ray: »Wir wären in der gleichen Lage wie unsere Eltern. Das würde heißen, dass wir eisern sparen müssten und trotzdem nur selten zurechtkommen würden.«

Ruth: »Eine gute Ausbildung für die Kinder ist sehr teuer. Ohne zusätzliches Geld wären wir nicht in der Lage, ihnen diesen Vorteil im Leben zu verschaffen.«

Angie: **»Warum macht Ihnen das Sorgen?«**

Ray (angespannt): »Wie gesagt, wenn man nicht versucht, finanziell unabhängig zu werden, wird man immer zu kämpfen haben. Wer will das schon?«

Ruth: »Außerdem müssen wir an unseren Ruhestand denken. Deswegen arbeiten wir jetzt so hart.«

Analyse

Bei dieser Unterhaltung wurde nichts gesagt, was nicht jedes Paar in der gleichen Situation sagen würde. Der Unterschied besteht darin, dass bei diesem Gespräch Angie die fünf goldenen Fragen einsetzte und Ruth und Ray **ihre** primären Motivationsfaktoren darlegten. Selbst wenn Angie zufällig die finanzielle Unabhängigkeit als primären Motivationsfaktor für Ruth und Ray ausgewählt hätte, wären die beiden der Meinung gewesen, die Idee stamme von Angie und nicht von ihnen. Wenn Angie über finanzielle Unabhängigkeit gesprochen hätte, hätten Ruth und Ray wahrscheinlich Einwände erhoben, weil die Idee von Angie kam. Aber nun haben die beiden den Grund selbst genannt, deswegen muss er stimmen – sie können nichts dagegen einwenden.

Betrachten wir die fünf Fragen einmal genauer:

1. »Was hat für Sie oberste Priorität?«
Die eigentliche Frage lautet: »Warum sollen Sie heute in mein Network-Marketing-System einsteigen?« Ray sagte, der primäre Motivationsfaktor der beiden sei **finanzielle Unabhängigkeit.** Deswegen sollten beide ins Network-Marketing einsteigen.

2. »Warum haben Sie sich dafür entschieden?«
Eigentlich wird damit gefragt: »Warum würden Sie gerade aus diesem Grund einsteigen?« Beide erklärten, dass sie ihr Haus abbezahlen, ihren Kindern eine gute Ausbildung finanzieren und dass sie nie knapp bei Kasse sein wollen.

3. »Warum ist das für Sie wichtig?«
In diesem Fall lautet die Frage: »Sagen Sie es mir noch einmal: Warum würden Sie gerade aus diesem Grund einsteigen?« Ray antwortete: »Wie schon gesagt ...« und wiederholte noch einmal seine Gründe, wodurch er die Argumente dafür bekräftigte, warum er und Ruth ins Network-Marketing einsteigen sollten. Ruth schaltete sich mit weiteren Argumenten ein, weswegen finanzielle Unabhängigkeit der Hauptgrund für sie ist. Schließlich hatten ihre Eltern Probleme, sich finanziell über Wasser zu halten. Sie will es einmal anders haben.

4. »Was wären die Folgen, wenn Sie diese Möglichkeit nicht hätten?«
Hier wird eigentlich gefragt: »Was wäre mit Ihnen, wenn Sie nicht einsteigen würden?« Auf diese Frage reagierten beide erregt und emotional. Sie sagten Angie, dass sie nicht so wie ihre Eltern enden wollen. Ihren Kindern sol-

len nicht die Chancen einer guten Ausbildung verwehrt bleiben, nur weil sie nicht genug Geld haben.

5. »Warum macht Ihnen das Sorgen?«
Bei dieser Frage wurden die beiden aufgefordert, ihre Priorität darzulegen. Beide wurden lebhaft. Sie betonten wieder und wieder, warum **finanzielle Unabhängigkeit** der wichtigste Grund für sie sei, noch heute bei Angie einzusteigen.

Ray und Ruth sagten das zu Angie. Nicht Angie brachte die Argumente vor, sondern die beiden.

Hätte Angie genau das Gleiche zu den beiden gesagt, hätten sie ihr wahrscheinlich Argumente genannt, die dagegen sprechen. Aber weil Ray und Ruth ihr Gründe für einen Einstieg nannten, waren diese echt.

Nach dem Gespräch zeigte Angie den beiden, wie der Plan funktionierte, und wiederholte genau die in der Unterhaltung bereits genannten Argumente, um die Vorteile des Network-Marketing zu beschreiben. Sie zeigte die Gewinne, die man damit machen konnte, und die Verluste, die sich dadurch vermeiden ließen. Aus Sicht von Ray und Ruth war das die perfekte Antwort auf ihre Träume. Sie hörten ihre eigenen Worte, und der vorgeschlagene Geschäftsplan ging auf ihre eigenen Hoffnungen und Ängste ein. Das alles waren nicht Angies, sondern ihre eigenen Argumente.

Wie Bruno eine harte Nuss knackte

Bruno war Ingenieur, der in einem Verbandsausschuss zusammen mit Jim arbeitete. Bruno hatte ein Jahr zuvor mit dem Network-Marketing begonnen. Er sah darin einen Weg aus der Routine, die seine Arbeit als Ingenieur seiner Meinung nach war. Er hatte größere Pläne.

Bruno hatte gegenüber Jim mehrmals von einer »geschäftlichen Gelegenheit« gesprochen, war aber immer auf Ablehnung gestoßen. Jims Schwester hatte bei »einem dieser Schneeballsysteme« mitgemacht und versucht, ihn anzuwerben, aber er hatte abgelehnt, weil er seiner Ansicht nach kein Verkäufer, sondern Ingenieur war. Außerdem wollte er »nicht seine Freunde belästigen«.

Eines Abends holte Bruno bei einer Tasse Kaffee ganz nebenbei seine Karte hervor, auf deren Rückseite die Liste der primären Motivationsfaktoren stand. Jim sah sich die Karte an, auf der unter Brunos Name »Networking und Vertrieb« stand.

Bruno: »Wissen Sie, worum es beim Networking geht, Jim?«

Jim: »Ja, wie gesagt, meine Schwester hat das auch einmal gemacht. Das ist doch so eine Art Pyramide, nicht wahr?«

Bruno: »Moment, ich zeige es Ihnen.«

Bruno drehte die Visitenkarte um, damit die Liste mit den primären Motivationsfaktoren zu sehen war.

Bruno: **»Was auf der Liste hat für Sie oberste Priorität, Jim?«**

Jim: »Hmmm ... ich nehme an, selbstständig zu sein und andere zu unterstützen.«

Bruno: **»Warum haben Sie sich für diese beiden Faktoren entschieden?«**

Jim: »Mir gefällt die Möglichkeit, für mich selbst zu arbeiten, weil ich seit fast 20 Jahren als Ingenieur in der Tretmühle stecke. Wenn ich mich aber je selbständig machen würde, würde ich dabei gerne anderen helfen. So etwas gibt mir einen Kick. Deswegen habe ich mich auch freiwillig für diesen Ausschuss gemeldet.«

Bruno: **»Was wären die Folgen, wenn Sie nicht Ihr eigenes Unternehmen hätten?«**

Jim (unruhig): »Wie gesagt, dann würde ich weiter in der Tretmühle stecken. Typen in unserem Alter sterben an Stress, wissen Sie. Wenn ich mehr Zeit hätte, könnte ich im Elternbeirat der Schule meines Sohnes mitarbeiten; ich könnte mehr Zeit in meiner Werkstatt verbringen und wäre mein eigener Herr. Ich habe es satt, dass andere mein Leben kontrollieren.«

Bruno: **»Warum macht Ihnen das Sorgen?«**

Jim: »Weil ich es anders machen würde, wenn ich meine Zeit selbst einteilen könnte. Ich würde weniger arbeiten und hätte mehr vom Leben. Ich möchte zur Abwechslung einmal machen, was mir gefällt.«

Bruno: »Und Networking ermöglicht Ihnen genau das. Sie haben dadurch mehr Zeit, mehr Freiheit und den Vorteil, ihr eigenes Unternehmen zu haben. Gleichzeitig können Sie anderen helfen. Und Sie müssen nicht einmal das Risiko einer neuen Karriere eingehen. Ich zeige Ihnen, wie das bei mir funktioniert hat.«

Über ein Jahr lang hatte Bruno erfolglos versucht, Jim fürs Network-Marketing zu interessieren. Als Bruno das Geheimnis der fünf goldenen Fragen kennenlernte, erkannte er, dass er über ein Jahr lang versucht hatte, Jim zu sagen, was er mit seinem Leben anfangen sollte. Immer waren es

Brunos Ideen und Vorstellungen gewesen, nie die von Jim. Dank der Liste auf der Rückseite seiner Karte und der fünf goldenen Fragen konnte Jim nun endlich sagen, warum er selbst ins Network-Marketing einsteigen sollte.

Als Jim den Geschäftsplan sah, wollte er seinen Augen nicht trauen. »Warum hat mir das noch nie jemand gezeigt?«, fragte er. Ganz einfach, man hatte ihm immer nur **gesagt,** warum er einsteigen sollte – aber nie hatte ihn jemand aufgefordert, über seine primären Motivationsfaktoren zu sprechen.

Wie ich einem Zahnarzt auf den Zahn fühlte

Diese Geschichte ist mir selbst passiert. Der 44 Jahre alte Frank war mein Zahnarzt; er hatte ein Haus am Strand, das mindestens eine Million Dollar wert war, ein schickes Auto und war reichlich mit Arbeit versorgt. In den Augen der meisten Menschen war er sehr erfolgreich. Eines Tages traf ich ihn im Einkaufszentrum. Er trank gerade einen Kaffee, und ich setzte mich zu ihm.

Allan: »Was macht das Geschäft, Frank?«
Frank (lahm): »Ganz gut ...«
Allan (heiter): »Na kommen Sie, Frank, Sie wohnen am Strand, haben viel zu tun und verdienen viel Geld – das muss doch gut sein.«
Frank: »Ich verdiene damit mein Geld, mehr nicht.«
Allan: »Aber wenn es Ihnen nicht gefällt, warum hören Sie dann nicht auf und machen etwas anderes?«
Frank: »Ich glaube nicht, dass ich das tun würde, Allan.«

Allan: »Warum nicht?«

Frank (sachlich): »Weil ich Zahnarzt bin. Ich war immer Zahnarzt – das ist nun einmal mein Beruf.«

Allan (interessiert): »Hmmm … wann haben Sie beschlossen, Zahnarzt zu werden, Frank?«

Frank: »Mit achtzehn an der Universität. Medizin habe ich nicht geschafft. Zahnheilkunde war meine zweite Wahl.«

Allan: »Sind Sie gerne Zahnarzt, Frank?«

Frank (leichthin): »Nicht wirklich, aber damit bezahle ich die Rechnungen.«

Allan: »Frank, wenn ein 18-jähriger Student in Ihre Praxis kommen und Ihnen sagen würde, was Sie die nächsten 20 Jahre mit Ihrem Leben anfangen sollen, würden Sie auf ihn hören?«

Frank (lachend): »Es gibt nicht viel, was ein 18-Jähriger einem 44-Jährigen vom Leben erzählen kann.«

Allan: »Also würden Sie nicht auf ihn hören?«

Frank: »Auf keinen Fall!«

Allan: »Und warum tun Sie es dann …?«

Das Gespräch brach abrupt ab. Frank war wie vor den Kopf gestoßen. Er hatte nie darüber nachgedacht, wie der spontane Entschluss eines 18-jährigen Studenten immer noch sein Leben mit 44 kontrollierte. Ich sah, welche Wirkung meine Frage auf ihn hatte. Die Gelegenheit war zu schön, ich konnte sie mir nicht entgehen lassen. Ich griff in meine Tasche und holte meine Karte mit der Liste der primären Motivationsfaktoren auf der Rückseite heraus. Ich legte sie vor Frank.

Allan: »Frank, sehen Sie sich einmal diese Liste an. Was hat in Ihrem Leben Ihrer Meinung nach oberste Priorität?«

Nach schier endlosem Schweigen antwortete er:

Frank: »Mehr Freizeit.«
Allan: »Warum haben Sie sich dafür entschieden?«
Frank: »Ich stehe jeden Morgen um 6 Uhr auf und bereite mich auf meinen ersten Patienten um 8.30 Uhr vor. Ich arbeite bis 6 Uhr abends. Mein Tag ist voller Menschen, die sich beklagen und gar nicht glücklich sind, mich zu sehen. Ich habe nie Zeit für mich oder meine Kinder, nicht einmal am Wochenende. Ich bin viel zu erledigt, um etwas Vernünftiges zu tun. Freizeit ist etwas, was ich nie hatte.«
Allan: »Warum ist das für Sie wichtig, Frank?«
Frank (unruhig): »Wie gesagt, in meinem Leben ist jede Minute verplant. Ich glaube, ich wäre lieber Lehrer, dann hätte ich mehr Zeit und jede Menge Ferien.«
Allan: »Sie meinen?«
Frank: »Der Zahnarztberuf ist anders, als man sich das vorstellt. Als ich mich anfangs dafür entschied ...«

Frank sprach fast fünf Minuten lang leidenschaftlich über die Sackgasse, in die ihn sein Beruf seiner Ansicht nach manövriert hatte.

Allan: »Welche Folgen hätte es, wenn Sie nicht die Chance auf mehr Freizeit hätten, Frank?«
Frank (verzweifelt): »Ich wäre den Rest meines Lebens an meine Praxis gekettet. Meine Kinder werden schnell groß, sie haben nicht viel von mir. Meine Frau sagt, sie hat die Nase voll von mir, wenn ich weiter dauernd so angespannt bin.«

Frank war blass. In seinen Augen schwammen Tränen. Ich dachte, er würde gleich anfangen zu weinen. Zum ersten Mal seit 20 Jahren sprach er all die Dinge aus, die ihm auf dem Herzen lagen.

Allan (sanft): »Warum macht Ihnen all das Sorgen, Frank?«

Frank antwortete nicht. Er konnte nicht. Das Gespräch setzte ihm wirklich zu. Er saß schweigend da. Ich drang nicht weiter in ihn, weil ich fürchtete, dass er das nicht verkraften würde. Außerdem wollte ich eigentlich Cornflakes kaufen und nicht Franks Leben umkrempeln.

Drei Monate später ging ich zu Frank in die Praxis. Seine Sprechstundenhilfe teilte mir mit, dass er weg war. Er war eines Montags hereingekommen und hatte gesagt, dass ein Freund die Praxis übernehmen werde, er selbst gönne sich eine Auszeit. Seit fast drei Monaten hatte ihn niemand mehr gesehen. Ein Jahr später hörte ich, dass er in Amerika war, Motels auf Kommission verkaufte und das Leben genoss. Ich weiß immer noch nicht, wo Frank heute ist oder was er macht, aber was damals passierte, ist wichtig, weil es zeigt, wie wirkungsvoll diese Fragetechnik ist und wie sie das Leben von Menschen verändern kann – bei denen man vielleicht gar nicht mit so etwas gerechnet hätte.

Vielleicht hat Frank inzwischen irgendwo ein Unternehmen für Network-Marketing …

Der Interessent ohne Priorität

Gelegentlich trifft man auf einen Interessenten, der behauptet, er habe keine Prioritäten.

Es gibt zwei Gründe, warum manche behaupten, sie hätten keinen Motivationsfaktor.

Erstens: Der Interessent hat wirklich keine oberste Priorität, aber auch keine Prioritäten an zweiter, dritter oder vierter Stelle. In diesem Fall sollten sie dem Interessenten für seine Zeit danken und sich nach anderen Kandidaten umsehen. Vergeuden Sie Ihre Zeit nicht mit Menschen, die keine Hoffnungen, Träume oder Prioritäten im Leben haben.

Zweitens: Der Interessent will keine Priorität nennen, weil er fürchtet, er werde darauf festgenagelt.

Bei diesen Interessenten gehen Sie folgendermaßen vor:

Sie: »Was hat für Sie oberste Priorität?«

Interessent: »Eigentlich nichts von dem, was auf der Liste steht ...«

Sie: »Nichts?«

Interessent: »Nein, davon ist mir gerade nichts wichtig.«

Sie (leichthin): »Nun, aber wenn etwas davon wichtig **wäre,** was wäre es dann?«

Interessent: »Hm, wenn etwas wichtig wäre ... wahrscheinlich wäre das dann die **finanzielle Unabhängigkeit**.«

Sie: »Warum?«

Interessent: »Weil es wichtig ist, genug Geld zu haben und ...«

Jetzt machen Sie mit den **fünf goldenen Fragen** weiter.

Die Macht des Schweigens

Nachdem Sie eine Frage gestellt haben, dürfen Sie kein Wort mehr sagen, bis Ihr Gesprächspartner mit seiner Antwort fertig ist. Widerstehen Sie der Versuchung, ihm bei der Auswahl einer Priorität zu helfen, *der Vorschlag muss unbedingt von ihm kommen.* Er muss Ihnen sagen, warum er in Ihr Geschäft einsteigen soll. Wahrscheinlich geschieht es dem Interessenten zum ersten Mal im Leben, dass jemand ihm eine so wichtige Frage stellt und ihm Zeit lässt, seine eigene Antworte zu formulieren. Selbst wenn Ihr Gesprächspartner schon mehrmals zuvor auf Network-Marketing angesprochen wurde, ist es ihm wahrscheinlich noch nie passiert, dass jemand Fragen gestellt und dann den Mund gehalten hat. Die Antworten Ihres Gegenübers geben außerdem Aufschluss über das Engagement, das er langfristig gesehen einbringt.

Wie trennt man die Spreu vom Weizen?

Wie aufrichtig und ausführlich Ihr Gesprächspartner auf die **fünf goldenen Fragen** antwortet, zeigt, wie stark er sich für das Network-Marketing motivieren lässt. Wenn die Antworten oberflächlich, beiläufig oder nicht überzeugend sind, dann sollten Sie genau überlegen, ob Sie ihn wirklich auffordern wollen, sich Ihrem Netzwerk anzuschließen. Wenn ein Interessent nicht Feuer unterm Hintern hat, wird er nicht viel mehr tun, als ständig zu jammern. Fallen die Antworten auf die **fünf goldenen**

Fragen schwach aus, suchen Sie sich besser einen anderen Interessenten. Wer schwache Antworten gibt, ist auf andere angewiesen und wird nur unnötig Ihre Zeit verschwenden. Nur wer Prioritäten und Träume hat, wird auch Erfolg haben, ob mit Ihnen oder ohne Sie.

Interessenten mit Prioritäten werden immer Erfolg haben. Sie können diesen Prozess nur beschleunigen.

Der Aufbau eines Unternehmens im Network-Marketing ist wie die Bepflanzung eines Gartens. Sie bestellen den Boden, düngen, jäten Unkraut und sorgen dafür, dass die Pflanzen vor schlechtem Wetter geschützt sind. Dennoch werden einige Samen wachsen und andere eingehen. Die starken Pflanzen wachsen auch ohne Sie.

Wenn Ihre Setzlinge schwach sind, werden Sie die Pflänzchen für immer hegen und pflegen müssen und können nur hoffen, dass sie auch wachsen. Machen Sie sich nichts vor: Es geschieht nur selten, dass aus einem schwachen Setzling eine starke und schöne Pflanze wird. Das eigentliche Geheimnis besteht darin, von Anfang an starke Setzlinge zu pflanzen. Das ist der Zweck der **fünf goldenen Fragen:** Mit ihnen testen Sie die potenzielle Stärke der Setzlinge vor dem Einpflanzen.

Wenn die Antworten eines Interessenten auf Ihre Fragen schwach ausfallen, ist es möglicherweise der falsche Kandidat. Vielleicht haben Sie auch den falschen Zeitpunkt erwischt. Oder er wird einfach nur Ihre Produkte kaufen. Unterstützen Sie so viele Interessenten wie möglich, widmen Sie aber die meiste Zeit den starken Setzlingen.

Die Verwendung der Liste innerhalb einer Gruppe

Mit ein bisschen Übung werden Sie feststellen, dass sich diese Methode hervorragend für Präsentationen vor einer Gruppe eignet. Sie können entweder eine bereits vorbereitete Liste mit den **primären Motivationsfaktoren** nehmen oder Ihre Zuhörer auffordern, Gründe zu nennen, warum man sich einer Gruppe im Network-Marketing anschließen sollte. Mit der vorbereiteten Liste fragen Sie einfach jemanden: »Was hat für Sie oberste Priorität?«, und Sie sind im Spiel! Widerholen Sie die Frage dann bei einem Zweiten und Dritten aus der Gruppe, und schon bald erzählt Ihnen jeder aus dem Publikum, warum er bei Ihrem Unternehmen mitmachen will.

Wenn Sie die Liste lieber von Hand während der Präsentation schreiben, fragen Sie jeden, der seine Priorität genannt hat: »Warum haben Sie sich dafür entschieden?« und gehen Sie dann die ganzen Fragen durch. Es macht großen Spaß, wenn alle in der Gruppe einander erzählen, warum man mitmachen sollte – und Sie müssen gar nichts erklären! Sie nicken nur mit dem Kopf und ermuntern die anderen zu reden.

Der Plan wird erläutert

Hier glänzen die meisten Networker, denn nun können Sie zeigen, warum Ihr Plan die Antwort auf alle Hoffnungen, Ängste und Träume ist, die mit dem zweiten Schlüssel, **Finden Sie den »Hot Button«**, offen gelegt wurden. Ihr vorgesetzter Vertriebspartner hat Ihnen ein System zur Präsentation des Geschäftsplans gezeigt, das sich bewährt hat und Resultate zeigt.

Allerdings ist es entscheidend, dass Sie die nächste Aussage verstehen:

Der Geschäftsplan bietet nur die Lösung für ein Problem oder die Möglichkeit, einen Traum wahr zu machen

Eine Lösung sollte logisch sein und einen Sinn ergeben. Doch mit Logik erreicht man nur den Verstand. Die **fünf goldenen Fragen** lösen Emotionen aus und motivieren die richtigen Interessenten dazu, ihre eigene Lösung zu finden. Wenn Sie nur Lösungen aufzeigen, ohne dass Sie zuvor den primären Motivationsfaktor offen gelegt haben, lässt sich der Interessent wahrscheinlich von Ihrem Enthusiasmus mitreißen, ist aber nicht emotional motiviert. Deswegen verlieren manche schon nach wenigen Tagen wieder das Interesse.

Wenn Sie den Plan vorstellen, sollten Sie darin die eigenen Worte des Interessenten verwenden.

Beispiel:

> **»Das heißt, dass Sie Ihr Leben in die eigene Hand nehmen können, außerdem hätten Sie mehr Zeit für Ihre Familie.«**

Oder

> **»Das heißt, dass Sie einen stilvollen und komfortablen Ruhestand genießen können, wie Sie es sich immer erträumt haben.«**

Wenn Sie bei der Vorstellung des Geschäftsplans die Worte Ihrer Zuhörer wiederholen, wird alles persönlicher. Das Gesagte erhält einen Sinn und wirkt motivierend. Sie sprechen in deren Formulierungen von deren Ideen, nicht von Ihren.

Wenn Sie die Vier-Schlüssel-Technik genauso einsetzen, wie sie hier vorgestellt wurde, ist die Frage an Ihren Interessenten, ob er einsteigen will, kein sonderlich dramatischer Moment. Ihr Gesprächspartner sollte von seiner eigenen Begeisterung so aufgeputscht sein, dass ein Einstieg in Ihr System ein völlig logischer Schritt ist. Gehen Sie an Ihre Präsentationen immer mit der Einstellung heran, dass ein Einstieg vollkommen natürlich ist. Ihr Auftreten sollte geschäftsmäßig, aber entspannt sein, als ob Sie so etwas jeden Tag machen würden.

Sie sollten immer daran denken: Wenn der richtige Zeitpunkt dafür gekommen ist, dass ein Interessent bei Ihnen einsteigt, *müssen Sie ihn auch fragen, bei Ihnen einzusteigen.*

Seien Sie deutlich, zuversichtlich und bestimmt und sagen Sie Ihrem Gegenüber, Sie wollen, dass er einsteigt. Nicht morgen, sondern heute.

Warum das System funktioniert

Das System der **vier Schlüssel** bietet *die* Methode, eine Zusage zu bekommen, deswegen müssen Sie sich an die Formel halten, wenn Sie das bestmögliche Resultat erzielen wollen. Die meisten Networker sind gut in der Phase **des Eisbrechens.** Sie haben gelernt, sich nett mit anderen zu unterhalten und so eine Übereinstimmung zu erzielen. Viele verfügen jedoch nicht über eine effektive Phase zur **Auffindung des »Hot Button«** – sie gehen direkt von der Phase **Brechen Sie das Eis** zu **Drücken Sie den »Hot Button«**. Selbst wenn ihre Präsentation des Geschäftsplans hervorragend ist, sind ihre Zuhörer nicht unbedingt motiviert, weil sie emotional nicht aufgewühlt sind.

Das ist der Hauptgrund dafür, warum eine Präsentation zwar viele Zuhörer begeistern kann, diese jedoch nach ein oder zwei Tagen völlig das Interesse verlieren. Manche Networker lassen sich von ihrer eigenen Präsentation so mitreißen, dass sie zwar die Idee vermitteln, aber dann so viel reden, dass die Wirkung wieder verpufft.

Der Geschäftsplan ist **nur die Lösung** für die Verluste, die Ihre Interessenten vermeiden oder die Gewinne, die sie machen wollen. Es ist sinnlos, den Plan zu präsentieren, bevor Sie die primären Motivationsfaktoren Ihrer Zuhörer offengelegt haben.

Wenn Sie sehr gut in der Phase **Finden Sie den »Hot Button«** sind, müssen Sie sich wenig Gedanken über eine **Zusage** machen. Sobald Sie Interessenten emotional verunsichern können, werden diese anfangen, nach eigenen Lösungen für ihre Probleme zu suchen.

Finden Sie den »Hot Button« und drücken Sie ihn, dann wird der Aufbau Ihres eigenen Netzwerks ganz einfach sein.

Teil 3

Sechs strategische Fertigkeiten für starke Präsentationen

Mit den folgenden sechs subtilen, aber ungeheuer wirkungsvollen Tricks erhalten Ihre Präsentationen die nötige Durchschlagskraft.

Fertigkeit Nummer 1: Gesprächsbrücken

Mit Hilfe von Gesprächsbrücken kann man ein Gespräch in Gang halten und Situationen vermeiden, in denen man selbst zuviel oder der angehende Kunde zuwenig redet.

Es ist immer frustrierend, wenn man sich eine brillante, so genannte offene Frage ausdenkt, also eine Frage, die man nicht mit »ja« oder »nein« beantworten kann, und trotzdem nur eine kurze Antwort erhält.

Eine Geschichte aus dem wahren Leben: Wie Sue einen kalten Fisch erwärmen konnte

Hier ist ein Beispiel wie Sue, die als Vertriebspartnerin tätig ist, versuchte, ein gutes Verhältnis zu ihrem angehenden Kunden Fred aufzubauen. Fred arbeitete für eine Computerfirma und war einverstanden, sich Sues Argumente in der Mittagspause anzuhören. Fred wirkte am Anfang etwas schroff und nicht gerade besonders gesprächig, was Sue etwas entmutigte.

Sue: »Wie sind Sie in diese Branche gekommen, Fred?«

Fred: »Ich habe mich schon immer für Computer interessiert.«

Das gibt Sue nicht gerade viele Informationen, mit denen sie etwas anfangen kann, daher ist sie gezwungen, noch eine offene Frage zu stellen.

Sue: »Was gefällt Ihnen in der Computerbranche am besten?«
Fred: »Dass sich immer alles ändert.«

Wieder zwingt sie seine kurze Antwort dazu, sich eine weitere offene Frage auszudenken, um seine harte Schale zu knacken. Aber selbst wenn sie weiterhin gute offene Fragen stellt, wird das Gespräch nach einer Weile wie ein Verhör mit Sue als Polizeichefin klingen.

Kunden, die kurze Antworten geben, bietet man am besten »Gesprächsbrücken« an, um sie am Reden zu halten. Gute Brücken sind beispielsweise:

Das heißt ...?
Zum Beispiel?
Also ...?
Daher ...?
Und dann haben Sie ...?
Sie meinen ...?

Auf jede Brücke folgt Schweigen von Ihrer Seite. Zum Glück hat Sue gelernt, wie man Brücken einsetzt, daher verlief ihr Gespräch mit Fred in Wirklichkeit so:

Sue: »Wie sind Sie in diese Branche gekommen, Fred?«
Fred: »Ich habe mich schon immer für Computer interessiert.«
Sue: »Das heissst ...?«
Fred: »Die Installation von Netzwerksystemen bei größeren und mittleren Unternehmen.«

Sue: »Sie meinennn …?«
Fred: »Ich meine damit, dass ich dazu beitrage, die Effizienz eines Unternehmens zu verbessern, indem ich Software entwickle, die dem Unternehmen das Leben einfacher macht.«
Sue: »Zum Beispiel …?«
Fred: »Na ja, zum Beispiel habe ich gestern ein System für ein Unternehmen installiert, das große Probleme mit der Buchhaltung hatte. Sie haben mich angerufen und …«

Sue hat so nicht nur erfolgreich eine harte Nuss geknackt, sondern es auch geschafft, dass das Gespräch nicht wie ein Verhör wirkt. Außerdem muss sie nicht die ganze Zeit reden. Sie erhält nützliche Informationen über Fred – und er spricht über sein Lieblingsthema: sich selbst.

Drei Verhaltenstipps bei der Verwendung von Gesprächsbrücken:

1. Beugen Sie sich vor und strecken Sie eine Hand aus, Handfläche nach oben.
2. Dehnen Sie die letzte Silbe der Brücke.
3. Lehnen Sie sich zurück und sagen Sie nichts mehr.

Wenn Sie sich vorbeugen und die Handfläche zeigen, bewirken Sie damit zweierlei. Erstens vermitteln Sie damit nonverbal, dass Sie keine Bedrohung darstellen. Zweitens wird dem Zuhörer dadurch klar, dass er nun an der Reihe ist. Sie haben die Kontrolle an ihn »abgegeben«. Die Dehnung der letzten Silbe verwandelt die Gesprächsbrücke beinahe in eine Frage. Wenn Sie die Silbe nicht dehnen, wirkt die Brücke eher wie eine Feststellung.

Die Verwendung von Brücken hält das Gespräch im Fluss.

Beispiel:

Fred: »… damit Unternehmen effektiver arbeiten können.«
Sue: »Sie meinennn …?« (gedehnt)
Fred: »Ich meine, dass die Arbeit der Angestellten dadurch einfacher wird und sie sich besser um die Kunden kümmern können. Wissen Sie, die meisten Unternehmen haben kein gutes System und …«

Wenn Sie die letzte Silbe einer Brücke nicht dehnen, klingt sie wie mehr wie eine Feststellung oder Ansicht. Das kann sogar kränkend wirken.

Nach der Verwendung einer Brücke *müssen Sie den Mund halten!* Widerstehen Sie der Versuchung, die scheinbar endlose Stille, die manchmal nach einer Gesprächsbrücke einsetzt, mit Ihren Perlen der Weisheit zu füllen. Ihre offene Handfläche zeigt, dass Sie die Verantwortung für das Gespräch an Ihren Gesprächspartner abgegeben haben, er ist an der Reihe, etwas zu sagen, also warten Sie einfach ab.

Die Körpersprache des Zuhörens

Ein Beispiel zeigt, wie Gesprächsbrücken versteckte Motivationen aufdecken und einem Interessenten Informationen entlocken können.

Nachdem Sie die Gesprächsführung abgegeben haben, lehnen Sie sich mit der Hand am Kinn zurück und nehmen eine bewertende Haltung ein. Das bringt den anderen schnell dazu, solange weiter zu sprechen, wie Sie sich zurücklehnen.

Nehmen wir an, dass Ihr Interessent finanzielle Unabhängigkeit als seine primäre Motivation gewählt hat.

Sie:	»Was hat für Sie oberste Priorität?«
Interessent:	»Finanzielle Unabhängigkeit.«
Sie:	»Warum haben Sie sich dafür entschieden?«
Interessent:	»Weil es wichtig ist, dass ich genug Geld habe, um in meinem Leben all das zu machen, was ich noch vorhabe.«
Sie	(nach vorn gebeugt, Handfläche nach oben): »Sie meinennnn …?«
Interessent:	»Genug Geld, um meinen Kindern eine gute Ausbildung zu finanzieren und trotzdem noch bequem zu leben.«

Sie	(vorgebeugt, Handfläche oben): »... bequem leben heißt ...?«
Interessent:	»Das heißt, genug Geld zu haben, um ausgedehnt Urlaub zu machen, ein tolles Auto zu fahren und sich hin und wieder ein paar Extras zu leisten.«
Sie:	»... zum Beispiel ...?«
Interessent:	»... Na ja, zum Beispiel, dass ich reisen kann, wenn ich Lust dazu habe ...«

Dank der Verwendung von Brücken wie »Sie meinen« und »zum Beispiel« spricht Ihr Kunde nun über seine Gedanken, Gefühle und Ansichten. Aber noch wichtiger ist: **Sie** reden nicht die ganze Zeit.

Gesprächsbrücken sind im Grunde eine Art offene Frage. Man setzt sie am besten bei Präsentationen mit Menschen ein, die nicht viel reden oder nur kurze Antworten geben. Beim ersten Mal kommt Ihnen die Verwendung von Brücken vielleicht komisch vor (vor allem, wenn Sie sich selbst gerne reden hören!), weil nach einer Gesprächsbrücke oft Stille herrscht. Aber wenn Ihr Zuhörer daran gewöhnt ist, kurze Antworten zu geben, ist er auch an Gesprächspausen gewöhnt, daher erscheint ihm alles völlig normal. Es macht Spaß, Gesprächsbrücken zu verwenden, weil sie Präsentationen interessanter machen und Ihnen die Macht geben, mit Ihrem Schweigen das Gespräch zu kontrollieren.

Fertigkeit Nummer 2: Die Technik des Kopfnickens

Nur die wenigsten Menschen haben je darüber nachgedacht, dass Nicken ein wichtiges Instrument der Überzeugung ist. Das Nicken mit dem Kopf wird in den meisten Ländern als Geste der Zustimmung verwendet. Der Ursprung des Nickens ist das Zusammenkauern oder Verbeugen, das signalisiert: »Wenn ich mich dir beuge, ordne ich mich deinen Wünschen unter.« Im Grunde ist Nicken also eine verkürzte Verbeugung.

Es gibt zwei wirksame Einsatzmöglichkeiten des Nickens. Körpersprache ist eine unbewusste äußere Spiegelung unserer Gefühle. Wenn Sie positiv gestimmt sind, dann wird Ihr Kopf von allein nicken, während Sie reden. Wenn Sie einfach anfangen, **absichtlich** mit dem Kopf zu nicken, macht sich schnell ein positives Gefühl bei Ihnen breit. Anders ausgedrückt: Bei positiven Gefühlen beginnt man automatisch zu nicken – und umgekehrt gilt das Gleiche: Kopfnicken lässt positive Gefühle entstehen.

Wenn Sie positiv gestimmt sind, beginnen Sie mit dem Kopf zu nicken. Wenn Sie nicken, beginnen Sie, sich positiv zu fühlen.

Nicken ist außerdem ansteckend. Wenn jemand Ihnen zunickt, dann nicken Sie normalerweise auch – selbst wenn Sie nicht unbedingt mit dem übereinstimmen, was Ihr Gesprächspartner sagt. Nicken ist daher hervorragend geeignet, Zustimmung und Kooperationsbereitschaft bei

Ihrem Gegenüber zu erreichen. Beenden Sie daher jeden Satz mit einer verbalen Bestätigung wie:

Oder etwa nicht?
Stimmt's?
Nicht wahr?
Oder?

Wenn Sprecher und Zuhörer **beide** mit dem Kopf nicken, fühlt sich der Zuhörer positiv gestimmt, was die Wahrscheinlichkeit für eine Übereinkunft erhöht. Kopfnicken kann man sich leicht angewöhnen. In nicht einmal einer Woche können Sie es als festen Bestandteil in Ihr Körpersprachenrepertoire aufnehmen.

Das Nicken mit dem Kopf lässt sich aber auch dazu einsetzen, ein Gespräch in Gang zu halten. Und so wird's gemacht: Wenn Sie eine offene Frage gestellt oder eine Gesprächsbrücke verwendet haben und der Zuhörer darauf antwortet, nicken Sie bei seiner Antwort mit dem Kopf.

Die männliche Version des Übers-Kinn-Streichen

Die weibliche Version

Wenn er geendet hat, nicken Sie *noch fünfmal* mit einer Rate von etwa einem Nicken pro Sekunde. Normalerweise wird der Sprecher beim vierten Nicken noch etwas hinzufügen und Ihnen weitere Informationen liefern. Und solange Sie zurückgelehnt bleiben und die Hand am Kinn lassen, stehen Sie nicht unter Druck zu reden. Auf diese Weise wird das Gespräch nicht zum Verhör. Wenn Sie zuhören, legen Sie eine Hand ans Kinn und streichen Sie darüber. Untersuchungen dieser Geste haben gezeigt, dass sie andere ermutigt, längere Zeit zu sprechen.

Fertigkeit Nummer 3: Minimale Ermunterungen

Während der andere spricht, sollten Sie ihn mit Hilfe minimaler verbaler Ermunterungen zum Weiterreden animieren. Dazu gehören:

Ich verstehe ...
Mh-hm ...
Wirklich?
Was Sie nicht sagen ...
Das müssen Sie mir genauer erklären ...

Kleine Ermunterungen können die Zahl der Informationen, die Ihnen Ihr Gesprächspartner übermittelt, mehr als verdoppeln.

Diese Form der Ermunterung ist in Kombination mit Kopfnicken und Gesprächsbrücken eines der effektivsten Mittel, die Sie erlernen können, um eine Präsentation in Gang zu halten.

Fertigkeit Nummer 4: Halten Sie Blickkontakt

Untersuchungen zeigen, dass die Informationen, die bei visuellen Präsentationen im Gehirn ankommen, zu 87 Prozent über die Augen aufgenommen werden, zu 9 Prozent über das Gehör und zu 4 Prozent über andere Sinne.

Wenn Ihr Zuhörer beispielsweise auf Ihre visuelle Präsentation schaut, während Sie reden, wird er nur 9 Prozent Ihrer Botschaft aufnehmen, wenn das Gesagte nicht direkt in Zusammenhang mit dem steht, was er sieht. Falls Sie etwa ein Bild von einem Haus malen, während Sie über Reisen sprechen, wird er Ihnen wahrscheinlich *nicht* folgen. Hängt das Gesagte mit der Präsentation zusammen, wird er allerdings auch nur 25 bis 30 Prozent des Gesagten aufnehmen, wenn er nicht direkt auf Sie, sondern auf die visuelle Präsentation blickt.

Mit einem Stift kann man Blickkontakt herstellen

Um den Blick Ihres Gesprächspartners einzufangen und zu lenken, zeigen Sie mit einem Stift auf die Präsentation und verbalisieren gleichzeitig, was er sieht. Dann heben Sie den Stift und halten ihn zwischen seine und Ihre Augen. Nicken Sie dazu beim Sprechen noch mit dem Kopf.

Schauen Sie über die Spitze des Stifts auf die Augen des Zuhörers und deuten Sie nur auf das, wohin Sie blicken. Das zieht den Kopf Ihres Zuhörers quasi magnetisch nach oben, so dass er Sie anschaut und jetzt sieht und hört, was Sie sagen. Dadurch hinterlässt Ihre Botschaft die größte Wirkung. Achten Sie darauf, dass die Fläche Ihrer anderen Hand zu sehen ist, während Sie sprechen, damit die Atmosphäre nicht bedrohlich wirkt.

Fertigkeit Nummer 5: Spiegelung

Wenn zwei Menschen mental übereinstimmen, verhalten sich auch ihre Körper synchron, indem sie eine ähnliche Haltung einnehmen und die gleichen Gesten verwenden. Der Zweck dieses Verhaltens ist es, Übereinstimmung zu erzielen und Konflikte zu vermeiden. Nonverbal vermittelt diese Spiegelung: »Ich bin wie du. Ich empfinde ähnlich und teile deine Ansichten.« Die Synchronizität beginnt schon im Mutterleib, wenn der Embryo seine Körperfunktionen und seinen Herzschlag dem der Mutter anpasst. Wir neigen also von Natur aus zum Spiegeln.

Folglich ahmen wir intuitiv Menschen nach, mit denen wir ein enges Verhältnis haben. Das kann man bei geschäftlichen Besprechungen oder bei Feiern beobachten,

Mutti, Vati und Herkules

wenn zwei Menschen sich gut verstehen. Es erklärt auch, warum sich Paare nach Jahren des Zusammenlebens immer ähnlicher werden. Und irgendwann kaufen sie noch einen Hund, der aussieht wie sie.

Der Nachahmungstrieb

Die beiden Männer auf dem Bild gegenüber sind ein typisches Beispiel für das Spiegeln. Sie haben eine identische Haltung eingenommen und halten ihr Glas auf die gleiche Weise (vermutlich ist es sogar das gleiche Getränk), sind ähnlich gekleidet und benutzen den gleichen Wortschatz. Wenn der eine die Hand in die Tasche steckt, ahmt ihn der andere nach. Wenn der eine sein Gewicht von einem Bein auf das andere verlagert, macht sein Freund das auch. Diese Spiegelung hält an, solange die beiden einer Meinung sind und eine Übereinstimmung besteht.

Spiegeln sorgt dafür, dass sich der andere wohlfühlt. Es ist ein überaus wirkungsvolles Instrument, um eine positive Beziehung herzustellen. Beim Betrachten von Zeitlupen hat man festgestellt, dass es sich sogar auf zeitgleiches Blinzeln, Blähen der Nasenflügel, Hochziehen der Augenbrauen und selbst auf die Weitung der Pupillen erstreckt. Das ist bemerkenswert, weil man diese Mikrogesten gar nicht bewusst nachahmen kann.

Spiegeln zeigt, dass eine Übereinstimmung besteht

Die richtige Wellenlänge

Das Spiegeln der Körpersprache und des Sprechmusters ist eine dynamische Möglichkeit, schnell Übereinstimmung zu erzielen. Wenn Sie jemanden Neues kennen lernen, spiegeln Sie dessen Sitzposition, Pose, Körperhaltung, Gestik, Gesichtsausdruck und Tonfall. Über kurz oder lang findet der andere Sie sympathisch. Man beschreibt Sie dann wahrscheinlich als jemandem, der »angenehm im Umgang« ist. Das liegt daran, dass andere sich in Ihnen wieder erkennen.

Durch Spiegeln wird eine Übereinstimmung erzielt

Noch ein Wort zur Warnung: Beginnen Sie bei einer Begegnung nicht zu früh mit dem Spiegeln. Viele Menschen kennen mittlerweile die Spiegelungsstrategien, seit sie unsere Bücher *Der tote Fisch in der Hand* und *Die kalte Schulter und der warme Händedruck* gelesen haben. Im englischsprachigen Raum haben auch über 100 Millionen Menschen die dazugehörige Fernsehserie und meine Trainingsvideos gesehen. Manchmal ist es klüger, mit dem Spiegeln noch ein paar Minuten zu warten.

Unterschiede zwischen Mann und Frau

Das Gehirn von Männern und Frauen ist unterschiedlich programmiert, wenn es darum geht, Emotionen auszudrücken. Eine Frau stützt sich mehr auf den Gesichtsausdruck, Männer vertrauen dagegen eher auf Körperbewegungen und Gesten.

Eine Frau kann durchschnittlich sechs verschiedene Gesichtsausdrücke in einer Zuhörzeit von zehn Sekunden zeigen, um ihre Gefühle für ihr Gegenüber auszudrücken und Feedback zu geben. Ihr Gesicht spiegelt bezugleich die Gefühle der Sprecherin wider. Für den Beobachter sieht es so aus, als sei das, worüber sich die beiden unterhalten, beiden Frauen widerfahren.

Hier ist eine typische Zehnsekundenfrequenz einer Frau, die zeigt, dass sie zuhört:

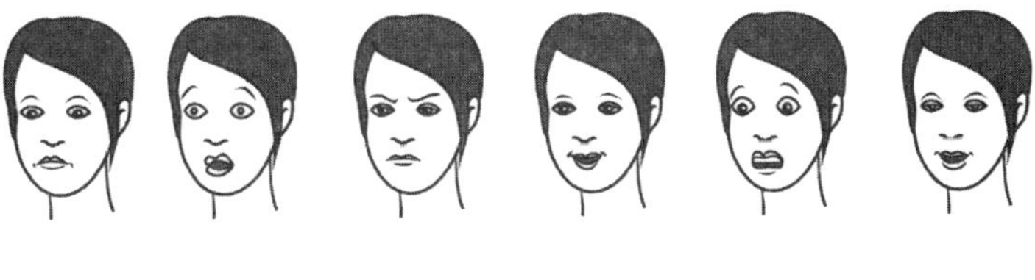

Trauer | Überraschung | Wut | Freude | Angst | Verlangen

Eine Frau erkennt die Bedeutung des Gesagten anhand der Stimmlage und Körpersprache des Sprechenden und bringt ihr Verständnis durch die Widerspiegelung dieser Gefühle zum Ausdruck. Und genau das muss auch ein Mann tun, wenn er die Aufmerksamkeit einer Frau wecken und das Interesse an sich wach halten will. Die Vorstellung, mit Hilfe von Gesichtsausdrücken Feedback zu erzeugen, entmutigt die meisten Männer, aber es zahlt sich unglaublich aus, darin eine gewisse Fertigkeit zu entwickeln.

Manche Männer werden nun einwenden: »Sie denkt bestimmt, dass ich seltsam bin!«, aber Untersuchungen haben gezeigt, dass ein Mann, der die Gefühle einer Frau spiegelt, von dieser als intelligent, interessant und attraktiv beschrieben wird.

Vor allem in der Öffentlichkeit unterdrücken Männer jede Regung, weil sie im Laufe der Evolution lernen mussten, ihre Emotionen zurückzuhalten, um nicht zu einer leichten Beute für Angreifer zu werden. Deshalb wirken die meisten Männer so hölzern, wenn sie zuhören.

Und hier ist die gleiche Bandbreite an Gesichtsausdrücken, die ein typischer Mann innerhalb von zehn Sekunden beim Zuhören zeigt:

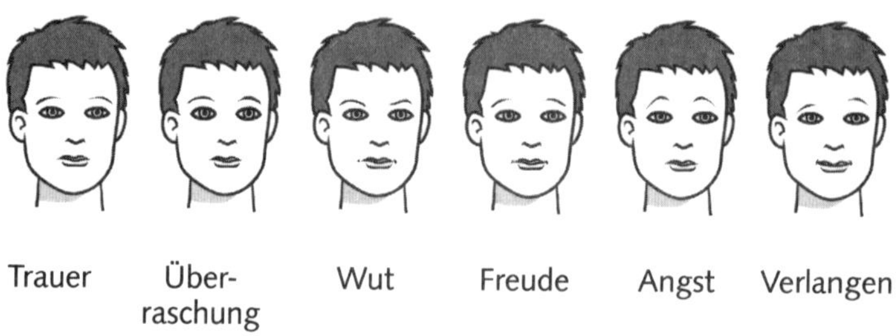

Auch wenn wir hier über die männlichen Zuhörgewohnheiten fröhlich scherzen, steckt durchaus ein Körnchen Wahrheit dahinter. Die starre Maske, die Männer beim Zuhören aufsetzen, gibt ihnen das Gefühl, sie hätten die

Situation unter Kontrolle. Das bedeutet jedoch nicht, dass Männer keine Gefühle haben. Untersuchungen des Gehirns haben gezeigt, dass Männer ähnlich starke Gefühle empfinden wie Frauen, sie aber tunlichst nicht offen zeigen.

Man kann das Verhalten eines Mannes spiegeln, wenn man weiß, dass sich seine Empfindungen nicht am Gesicht ablesen lassen – er benutzt dazu nämlich seinen Körper. Die meisten Frauen haben Schwierigkeiten, einen ausdruckslosen Mann zu spiegeln, aber es lohnt sich. Für eine Frau bedeutet das aber, dass sie ihre Mimik reduzieren muss, damit sie nicht als Nervensäge abgestempelt wird. Ganz wichtig: **Spiegeln Sie nicht das, was er Ihrer Meinung nach wahrscheinlich fühlen muss.** Wenn Sie sich irren, kann das katastrophale Folgen haben, womöglich handeln Sie sich ganz schnell das Etikett »wirr im Kopf« oder »völlig überdreht« ein. Frauen, die beim Zuhören eine ernste Miene aufsetzen, werden von Männern als besonders intelligent, clever und vernünftig beschrieben.

Fertigkeit Nummer 6: Pacing

Intonation, Tonfall und Sprechgeschwindigkeit passen sich beim Spiegelungsprozess ebenfalls an, um gemeinsame Haltungen noch deutlicher zu machen und Übereinstimmung zu schaffen. Diesen Vorgang bezeichnet man als »Pacing« (»Angleichung«). Es hört sich fast so an, als ob man gemeinsam eine Melodie singt. Oft kann man beobachten, dass ein Sprecher seine Rede rhythmisch mit den Händen unterstreicht, während der Zuhörer im selben Rhythmus mit dem Kopf nickt. Bei Paaren werden die wichtigsten Gesten im Lauf der Zeit immer weniger gespiegelt, weil jeder die Haltung des anderen vorwegnimmt. Dann wird die Stimme zum wichtigsten Medium, um Übereinstimmung zu demonstrieren.

Sprechen Sie nie schneller als Ihr Gegenüber. Untersuchungen haben gezeigt, dass andere sich unter Druck gesetzt fühlen, wenn jemand schneller spricht als sie selbst. Das Sprechtempo zeigt an, wie schnell das Gehirn bewusst Informationen analysieren kann. Sprechen Sie daher genauso schnell oder etwas langsamer als der andere und spiegeln Sie dessen Modulation und Intonation. Besonders wichtig ist das bei Telefongesprächen, weil dann Ihre Stimme das einzige Medium ist. Üben Sie daher mit Ihrer »Telefonstimme«.

Teil 4

Sechs erstklassige Tipps für einen positiven Eindruck

Der erste Eindruck zählt, man bekommt keine zweite Chance, daran noch einmal etwas zu ändern. Diese Binsenweisheit haben Sie wahrscheinlich auch schon einmal gehört. Früher brauchte man keine komplizierten Computerprogramme, um zu wissen, dass wir uns bis zu 90 Prozent unserer Meinung über einen Mitmenschen in den ersten vier Minuten der Bekanntschaft bilden. In dieser Zeit fällt man mindestens 25 Urteile über den anderen, etwa über dessen Alter, Einkommen, Bildung, Autorität, Freundlichkeit und Glaubwürdigkeit. Man legt sogar fest, wie viel Geld man dem anderen ohne Garantie oder Pfand leihen würde. Zum Glück gibt es vier Bereiche, die man in gewisser Weise kontrollieren kann: den Händedruck, unser Lächeln, die Kleidung und den persönlichen Abstand.

Tipp Nummer 1: Die Macht der Hand

Die Gesten der Hand werden kaum beachtet, dabei zählen sie zu den wirkungsvollsten Signalen der Körpersprache. Richtig eingesetzt verleiht die Macht der Hand demjenigen, der sie zu nutzen weiß, ein gewisses Maß an Autorität. Heimlich, still und leise kann man so das Kommando übernehmen.

Es gibt drei wesentliche Gesten mit der Hand: Handfläche nach oben, Handfläche nach unten und die geschlossene Hand mit gestrecktem Zeigefinger. Die Unterschiede der drei Handstellungen lassen sich am besten mit einem Beispiel erklären. Nehmen wir einmal an, Sie bitten jemandem, sich von einer Stelle im Raum zu einer anderen zu begeben. Sie haben dabei immer den gleichen Tonfall, verwenden die gleichen Worte und die selbe Mimik. Nur Ihre Handhaltung ändert sich.

Die **nach oben weisende Handfläche** (Abbildung A) wird als nicht bedrohliche Geste gebraucht. In unserem Versuch fühlt sich die Person, die wir mit dieser Geste um Hilfe bitten, nicht unter Druck gesetzt. Die Geste wird seit Urzeiten verwendet, früher zeigte man damit, dass man keine Waffe in der Hand hielt.

A unterwürfig B dominant C aggressiv

Wenn die Handfläche nach unten zeigt (Abbildung B), strahlt man unmittelbare Autorität aus. Ihr Gegenüber spürt, dass Sie einen Befehl erteilt haben, und empfindet vielleicht sogar einen leichten Widerwillen – vor allem, wenn er glaubt, dass Sie nicht das Recht haben, so bestimmt aufzutreten.

Wenn Sie bei einer Präsentation ständig die Handfläche nach unten einsetzen, werden Ihre Zuhörer Sie aller Wahrscheinlichkeit nach ablehnen.

Der ausgestreckte Zeigefinger in Abbildung C wird zum symbolischen Stock, mit dem der Redner seinen Zuhörern im übertragenen Sinn Gehorsam einprügelt. Der ausgestreckte Zeigefinger ist eine der Gesten beim Sprechen, mit der man seine Zuhörer besonders verärgert und irritiert, vor allem, wenn man den Takt der Worte mit dem Finger betont.

Untersuchungen der Gesten mit der **Handfläche nach unten** und dem **ausgestreckten Zeigefinger** haben gezeigt, dass Zuhörer die Redner, die diese Gesten verwenden, als aggressiv, herrisch, selbstgefällig oder arrogant einstufen. Vor allem konnten sie sich nicht gut an das Gesagte erinnern. Das liegt daran, dass sich die Zuhörer mehr mit dem Urteil über den Sprecher als mit dem Inhalt seiner Rede beschäftigten.

Wenn Sie aus Gewohnheit mit dem Zeigefinger deuten, sollten Sie die Gesten mit der Handfläche nach oben und nach unten üben. Sie werden feststellen, dass Sie damit eine gelöstere Atmosphäre schaffen und eine positivere Wirkung auf ihre Zuhörer haben.

Tipp Nummer 2: Der Händedruck

Der Händedruck ist ein Relikt aus unserer Vergangenheit. Wenn sich Steinzeitmenschen begegneten, hielten sie die Arme hoch und zeigten mit ihren offenen Handflächen, dass sie keine Waffen trugen oder versteckten. Die Geste der erhobenen Hände hat sich im Laufe der Jahrhunderte verändert, mit der Zeit entwickelten sich Gesten wie die einzelne erhobene Hand, die Hand auf dem Herzen und verschiedene andere Variationen. Die moderne Form dieses uralten Begrüßungsrituals besteht darin, dass man die Hände ineinander legt und schüttelt. In den meisten nichtasiatischen Ländern gibt man sich zur Begrüßung und zum Abschied die Hand. Normalerweise bewegen sich die Hände dabei zwei- bis siebenmal auf und ab. Nachdem wir bereits über die Wirkung von Befehlsgesten mit der Handfläche nach oben und nach unten gesprochen haben, betrachten wir nun die Bedeutung dieser beiden Positionen beim Händedruck.

Nehmen wir einmal an, dass Sie jemanden gerade kennen gelernt haben und ihn per Handschlag begrüßen. Dabei wird eine der folgenden Grundhaltungen vermittelt:

1. Dominanz: »Er versucht, mich zu dominieren. Ich bin lieber vorsichtig.«
2. Unterwerfung: »Ich kann diesen Menschen dominieren. Er wird tun, was ich will.«
3. Gleichstellung: »Ich mag diesen Menschen. Wir werden uns gut verstehen.«

Diese Haltungen werden ganz unbewusst vermittelt und wahrgenommen.

Dominanz wird vermittelt, wenn man die Hand (auf dem Bild mit dem dunklen Ärmel) so dreht, dass die Handfläche beim Handschlag nach unten zeigt (Abbildung 1). Ihre Hand muss nicht direkt auf den Boden weisen, zeigt aber im Vergleich zur Hand Ihres Gegenübers nach unten. Daran erkennt der andere, dass Sie die Kontrolle übernehmen wollen. Eine Studie bei 54 erfolgreichen Managern ergab, dass 42 die Initiative zum Handschlag ergriffen und zusätzlich noch mit einem dominanten Händedruck die Kontrolle zu übernehmen versuchten. Diese Form des Händedrucks sorgt nicht gerade für ein harmonisches Verhältnis, denn sie wirkt auf die meisten Menschen einschüchternd. Dieser Händedruck wird hauptsächlich von Männern verwendet.

Ähnlich wie ein Hund seine Unterlegenheit zeigt, indem er sich auf den Rücken legt und dem Angreifer seine Kehle darbietet, benutzen wir Menschen die offene Handfläche als Zeichen der Unterwerfung.

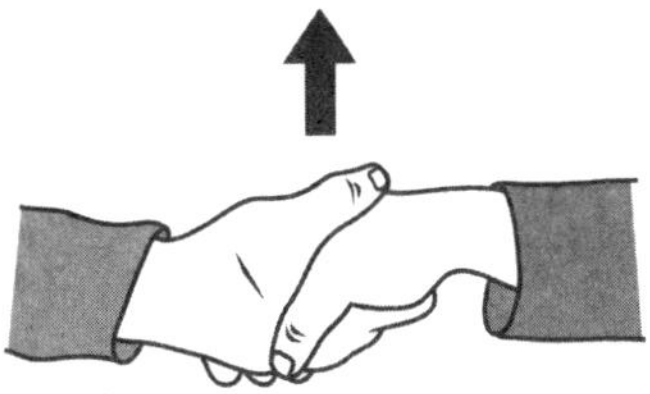

1. die Kontrolle übernehmen

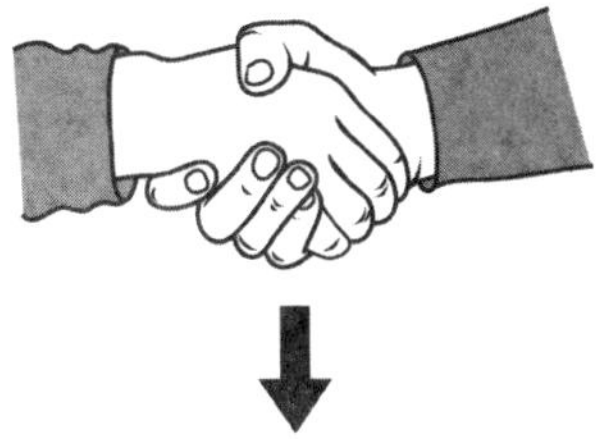

2. die Kontrolle überlassen

Das Gegenstück zum dominanten Händedruck ist der nachgiebige Händedruck. Dabei bietet man die Hand mit der Handfläche nach oben zum Handschlag an (Abbildung 2). Das ist besonders wirkungsvoll, wenn man dem anderen die Kontrolle überlassen oder ihm das Gefühl geben will, dass er Herr der Lage ist. Der nachgiebige Händedruck kann aber auch zeigen, dass man sich leicht einschüchtern lässt.

Wie schafft man mit einem Händedruck Harmonie?

Damit ein Händedruck harmonisch verläuft, sollte man zwei Dinge beachten: Erstens sollten Sie sicherstellen, dass die Handflächen senkrecht stehen, damit weder Dominanz noch Unterwerfung, sondern Gleichstellung vermittelt wird. So fühlen sich beide Beteiligte wohl, keiner schüchtert den anderen ein.

3. Gleichstellung

Zweitens sollten Sie ebenso fest zudrücken wie der andere. Wenn Sie zehn verschiedenen Personen vorgestellt werden, kann das also bedeuten, dass Sie Ihren Händedruck variieren und auch den Winkel Ihrer Hand mehrmals anpassen müssen. Bei dieser Form des Händedrucks gibt es weder Gewinner noch Verlierer und niemand fühlt sich eingeschüchtert. Dadurch fällt es jedem leichter, sich neuen Ideen zu öffnen und die anderen weniger kritisch zu betrachten.

Welchen Händedruck sollte man meiden?

Vermeiden Sie es, einen neuen Bekannten mit einem Handschlag zu begrüßen, bei dem Sie zusätzlich noch die linke Hand an dessen Hand legen. Obwohl Sie damit vielleicht Freude, Wärme und Vertrauen vermitteln wollen, erreichen Sie bei Ihrem Gegenüber das genaue Gegenteil. Der Begrüßte nimmt Sie als unehrlich und wenig vertrauenswürdig wahr oder vermutet sogar irgendwelche Hintergedanken. Halten Sie sich immer an den einhändigen Händedruck.

Vermeiden Sie bei neuen Bekannten den beidhändigen Händedruck

Tipp Nummer 3: Halten Sie Gegenstände immer in der linken Hand

Diese Strategie wirkt auf den ersten Blick sehr nahe liegend, allerdings achten nur sehr wenige Menschen bewusst darauf. Üben Sie, Ordner, Papiere, Aktentaschen, Brieftaschen und Getränke in der linken Hand zu halten. Wir begrüßen einander per Handschlag mit der rechten Hand, und die meisten Menschen benutzen die rechte Hand auch zum Öffnen von Türen, Verrücken von Stühlen oder zum Winken beim Abschied. Wenn Sie beispielsweise jemandem vorgestellt werden und in der rechten Hand ein kaltes Getränk halten, müssen Sie das Glas in die linke nehmen. Selbst wenn Sie das problemlos schaffen und Ihr Getränk nicht jemand anderem über die Schuhe kippen, machen Sie mit Ihrer kalten nassen Hand einen denkbar schlechten Eindruck: kalt, feucht und glitschig. Wenn Sie Unterlagen in der rechten Hand halten und in die linke Hand nehmen müssen, weil Sie eine Tür öffnen, einen Stuhl wegschieben oder jemandem die Hand geben wollen, fallen Ihnen möglicherweise die Papiere hinunter und Sie stehen da wie ein Idiot.

Tipp Nummer 4: Die Macht des Lächelns

Der Mensch ist das einzige landlebende Säugetier, das die Lippen zurückzieht, die Zähne zeigt und dann aber gar nicht zubeißen will. Das Lächeln hat seinen Ursprung als Beschwichtigungsgeste und wird auch von Schimpansen und anderen Affen verwendet, um anderen zu zeigen, dass sie keine Bedrohung darstellen.

Das Lächeln ist ein uraltes Signal der Beschwichtigung

Unsere Untersuchungen haben gezeigt, dass andere umso näher bei jemandem stehen, je häufiger dieser lächelt. Sie stellen auch häufiger Augenkontakt her, berühren den Lächelnden und wollen so lange wie möglich in seiner Nähe bleiben. Anders ausgedrückt: Lächeln ist gut fürs Geschäft und auch fürs Privatleben, denn es zeigt anderen, dass man keine Bedrohung darstellt.

Tipp Nummer 5: Respekt und Abstand

Jeder von uns beansprucht eine Art »Luftblase« für sich und seinen Körper, den so genannten persönlichen Raum. Wie groß dieser Raum ist, hängt von der jeweiligen Bevölkerungsdichte und Kulturzugehörigkeit ab. So haben Menschen aus der Mittelschicht, die in einer englischsprachigen Stadt aufgewachsen sind, im Allgemeinen eine Intimzone von etwa 46 Zentimetern. Deswegen halten sie bei nicht bedrohlichen oder geselligen Anlässen etwa einen Meter Abstand voneinander (Abbildung 1).

1. Die normale Gesprächsdistanz für Stadtbewohner englischsprachiger Länder

In vielen Teilen Europas, im Mittelmeerraum und in Südamerika ist die Intimzone deutlich geringer, teilweise liegt er unter 30 Zentimetern. Das bedeutet, dass die Bewohner dieser Gegenden den Nordamerikanern oder Westeuropäern nach deren Empfinden zu dicht auf den Pelz rücken.

2. Die Gesprächsdistanz im Mittelmeerraum

Wenn die Personen in Abbildung 2 beide aus dem Mittelmeerraum stammen, fühlen sie sich bei diesem Abstand wahrscheinlich wohl.

Kommt jedoch der eine aus London und die andere aus Rom, wird der Londoner seine Gesprächspartnerin wahrscheinlich für aggressiv halten oder sogar annehmen, sie mache ihm sexuelle Avancen. Wenn Sie dicht bei jemandem stehen und merken, dass Ihr Gegenüber jedes Mal zurückweicht, wenn Sie vorrücken, halten Sie Abstand und widerstehen Sie dem Drang, näher zu kommen. Ihr Gegenüber vermittelt Ihnen so, dass er diesen Abstand braucht, um sich wohl zu fühlen.

Körperkontakt

In vielen nicht-englischsprachigen Ländern spielt der Körperkontakt eine wesentlich größere Rolle. Das macht die Kommunikation zwischen den Kulturen zusätzlich kompliziert. Die Strategie ist in solchen Fällen einfach: Halten Sie sich an die Berührungsfrequenz des anderen bei Ihnen. Wenn Ihr Gesprächspartner Sie nicht berührt, fassen Sie ihn auch nicht an. Wenn der andere beispielsweise Italiener oder Franzose ist und sie scheinbar ständig anfasst, sollten Sie den anderen ebenfalls berühren, sonst denkt er, Sie mögen ihn nicht.

Tipp Nummer 6: Kleider machen Leute

Die Kleidung bedeckt bis zu 90 Prozent des Körpers und hat große Wirkung darauf, wie andere Ihre Vertrauenswürdigkeit, Zuverlässigkeit, Fachkenntnisse, Autorität sowie Ihren Erfolg in Beruf und Privatleben einschätzen.

In diesem Kapitel soll nun aber nicht jedes Kleidungsstück einzeln analysiert werden. Stattdessen nenne ich Ihnen die Formel für angebrachte Kleidung. Frauen liegen mit ihrer Kleidung häufiger daneben als Männer, weil Frauen nun einmal eine größere Bandbreite in Hinblick auf Stil, Farben und Kleidungsstücke zur Verfügung steht. Allerdings haben die meisten Männer zwar weniger Auswahl (und weniger Kleider im Schrank), dafür aber auch keinen speziellen Bereich im Gehirn, der ihnen sagt, welche Muster und Formen zusammenpassen. Jeder achte Mann ist außerdem farbenblind und erkennt rot, blau oder grün nicht.

Was ist der Unterschied zwischen einem männlichen Single und einem Zirkusclown? Der Clown weiß, wann er komische Kleider trägt.

Das Geheimnis für angemessene Kleidung liegt für Geschäftsleute in der Antwort auf die Frage: Welche Kleidung erwartet Ihr Kunde von Ihnen? Wie müssen Sie sich nach Ansicht **des Kunden** kleiden, damit Sie glaubwürdig, sympathisch, zuverlässig, kenntnisreich, erfolgreich und umgänglich wirken? Welchen Anzug, welches Hemd, welche Bluse, Krawatte, welchen Rock, welche Schuhe und was für eine Uhr würden Sie tragen? Wie sollen Sie sich schminken und wie die Haare schneiden lassen? Maßstab ist dabei immer die Meinung **des Kunden** – nicht *Ihre eigene.*

Denken Sie immer daran, hier zählt die Meinung des Kunden, daher sollten Sie sich für ihn anziehen. Das kann von Region zu Region ganz unterschiedlich sein, nicht zuletzt wird der Kleidungsstil auch vom Klima beeinflusst. Auf jeden Fall gibt es einen Standard, wie sich ein erfolgreicher Geschäftsmann oder eine erfolgreiche Geschäftsfrau in Ihrer Region kleidet.

»Aber wie steht es mit Richard Branson und Bill Gates?«, werden jetzt vielleicht einige fragen. »Die sind doch angezogen, als ob sie gerade aus dem Windkanal kommen würden!« Die beiden sind nun einmal die berühmte Ausnahme von der Regel. Wenn sich alle Geschäftsleute wie sie kleiden würden, hätten viele Schwierigkeiten, uns zu vertrauen oder uns zu folgen. Würde man die erfolg-

reichsten Geschäftsleute und Unternehmensführer in eine Reihe stellen, würde man feststellen, dass es einen Kleidungsstandard gibt. Mit diesem Standard geht man auf Nummer Sicher. Stehen Sie sich nicht selbst im Weg, indem Sie sich bei Ihrer Kleidung von Ihrem eigenen Geschmack oder von Ihrer Bequemlichkeit leiten lassen. Kleiden Sie sich so, wie es Ihre Kunden erwarten.

Wenn Sie sich wie Ihre Kunden kleiden, fühlen diese sich wohl. Das heißt aber nicht zwangsläufig, dass sie auch mit Ihnen Geschäfte machen.

Teil 5

Körpersprache – Wie man die Signale deutet

Vielen Menschen entgeht das Offensichtliche.
Was sehen Sie?

Inzwischen ist es den meisten Menschen bewusst, dass sich die Einstellung anderer an deren Verhalten ablesen lässt. Als wir *Der tote Fisch in der Hand* und *Die kalte Schulter und der warme Händedruck* schrieben, konnte wir nicht wissen, dass diese Bücher weltweit eine derartige Bedeutung erlangen würde und dass 6 Millionen Exemplare in 33 Sprachen verkauft werden würden.

Unsere ursprünglichen Forschungen zur Körpersprache und die zahllosen anderen Studien, die wir durchgeführt haben, machen deutlich, dass Ihre Botschaft bei einer Präsentation folgenden Einfluss auf Ihre Zuhörer hat:

Worte	**7 % – 10 % des Gesamteinflusses**
Stimme	**20 % – 30 % des Gesamteinflusses**
Körpersprache	**60 % – 80 % des Gesamteinflusses**

Das zeigt, dass die Art, wie Sie gucken, gestikulieren, lächeln, sich kleiden und sich bewegen den größten Einfluss auf die Einstellung anderer Ihnen gegenüber hat. Die Art, wie Sie Dinge sagen, ist dreimal wichtiger als das, was Sie sagen.

Die drei Regeln des Deutens

Regel Nr. 1
Deuten Sie Gesten im Verbund

Wie jede Sprache besteht die Körpersprache aus Wörtern, Sätzen, Satzgliedern und Zeichensetzung. Jede Geste ist wie ein einzelnes Wort und kann mehrere unterschiedliche Bedeutungen haben. Erst wenn man dieses Wort in einem Satz mit anderen Wörtern gebraucht, kann man seine Bedeutung richtig verstehen. Gesten bilden »Cluster« oder »Gestenkomplexe« genannte Sätze. Interpretieren Sie eine einzelne Geste nie isoliert. Kratzt sich zum Beispiel jemand am Kopf, kann dies, abhängig von den anderen in diesem Moment zu beobachtenden Gesten, eine Reihe von Dingen bedeuten – Schuppen, Flöhe, Schwitzen, Unsicherheit, Vergesslichkeit oder Lügen. Eine korrekte Deutung ist nur möglich bei einem Gestenkomplex von mindesten drei Gesten.

1. Ein Gestenkomplex der kritischen Bewertung

Abbildung 1 zeigt einen typischen Gestenkomplex der kritischen Bewertung – ein Arm ist vor dem Körper verschränkt, eine Hand am Gesicht, der Daumen stützt das Kinn, die Beine sind übereinander geschlagen und die Stirn ist gerunzelt.

Interpretieren Sie eine Geste nie isoliert – Ihrem Gegenüber juckt vielleicht nur die Nase.

In diesem Teil des Buches werden wir Gesten zwar einzeln analysieren, doch treten sie normalerweise im Verbund auf.

Regel Nr. 2
Deuten Sie Gesten im Zusammenhang

Gestenkomplexe sollten in dem Kontext betrachtet werden, in dem sie auftreten. Wenn jemand zum Beispiel an einem kalten Tag mit fest verschränkten Armen, übereinander geschlagenen Beinen und gesenktem Kopf an einer

2. Frierend, nicht ablehnend

Bushaltestelle sitzt, ist er höchstwahrscheinlich nicht in Abwehrstellung, sondern er friert. (Abbildung 2).

Wenn Ihnen dieser Mensch aber in der gleichen Haltung am Tisch gegenübersitzt, während Sie versuchen, ihm eine Idee zu verkaufen, ist die richtige Deutung seiner Gesten sicherlich die, dass er der Situation ablehnend gegenübersteht und eine Abwehrhaltung einnimmt.

Regel Nr. 3
Berücksichtigen Sie kulturelle Unterschiede

Eine Geste, die in einem Land eine bestimmte Bedeutung hat, kann in einem anderen etwas völlig anderes meinen. So wird die in Abbildung 3 gezeigte »Ring«-Geste in westlichen Ländern normalerweise als »O. K.« oder »gut« verstanden. Das »O. K.«-Zeichen kennt man nun in allen

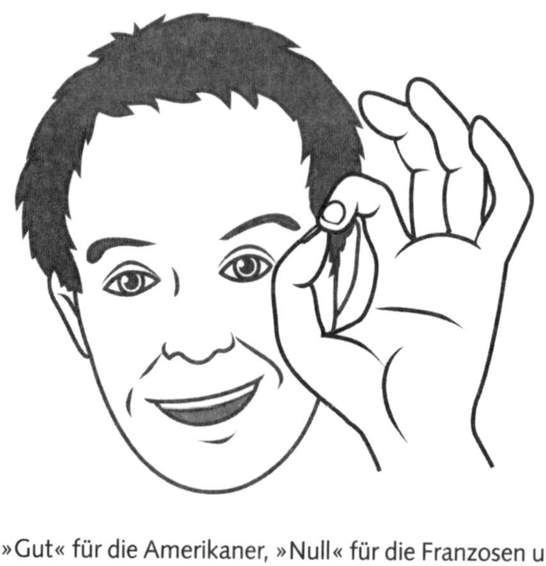

3. »Gut« für die Amerikaner, »Null« für die Franzosen und eine Beleidigung für die Griechen.

Ländern, die westliche Fernsehprogramme haben, und obwohl es sich in dieser Bedeutung in der restlichen Welt immer mehr ausbreitet, hat es an anderen Orten andere Ursprünge und Bedeutungen.

In Frankreich zum Beispiel kann man dieses Zeichen auch als »Null« oder »Nichts« verstehen, in Japan kann es »Geld« bedeuten und in einigen Mittelmeerländern ist es eine sexuelle Beleidigung.

Die meisten grundlegenden körpersprachlichen Gesten sind überall auf der Welt gleich. Wenn Menschen glücklich sind, lächeln sie; sind sie traurig oder wütend, runzeln sie die Stirn oder machen ein finsteres Gesicht. Kopfnicken bedeutet fast überall »Ja« oder Zustimmung, und wie bereits erwähnt, hat diese Geste ihren Ursprung im Verbeugen. Lächeln ist wahrscheinlich eine angeborene Geste, da auch Menschen, die von Geburt an sehbehindert sind, sie benutzen, selbst wenn sie sie vielleicht nie gesehen haben.

In diesem Kapitel werde ich ein einfaches »Wörterbuch« körpersprachlicher Gesten vorstellen, die den meisten Kulturen gemein sind und denen Sie bei Präsentationen am ehesten begegnen werden.

Warum Frauen Signale besser empfangen

Wie wir in unserem Buch *Warum Männer nicht zuhören und Frauen schlecht einparken* aufgezeigt haben, ist das Gehirn des Mannes nicht sonderlich gut darauf eingestellt, kleine nonverbale und stimmliche Hinweise zu empfangen. Deswegen werden Männer von Frauen oft als »lieblos«

oder als »unempfänglich« für die Bedürfnisse und Gefühle anderer beschrieben.

Überall auf der Welt hören Männer bei einem geselligen Zusammensein von ihren Frauen: »Hast du denn nicht gesehen, wie ich dich angeschaut habe? Dir hätte klar sein müssen, dass ich die Party verlassen wollte!« Den meisten Frauen wäre dies klar gewesen, den meisten Männern jedoch nicht.

Männer sind nicht gefühllos – ihr Gehirn ist nur nicht darauf programmiert, subtile körpersprachliche Signale zu lesen.

Wenn eine Frau sagt, sie könne »sehen«, dass sich jemand verletzt fühlt oder anderer Meinung ist als die Gruppe, dann kann sie dieses Verletztsein oder Anderer-Meinung-Sein tatsächlich »sehen«. Sie hat mitbekommen, dass die Körpersprache des Betreffenden die Ablehnung der Gruppenmeinung ausdrückt. Schon immer haben sich Männer darüber gewundert, wie Frauen Unstimmigkeiten, Verärgerung, Hinterlistigkeit und Verletzungen »sehen« können. Das liegt daran, dass das Gehirn der meisten Männer im Unterschied zu dem der Frauen einfach nicht so empfänglich für die feinen Details der Körpersprache ist. Deswegen ist es unklug, einer Frau ins Gesicht zu lügen – ein Anruf wäre sicherer!

Wie man die Deutung der Körpersprache lernt

Nehmen Sie sich täglich eine Viertelstunde Zeit, um die Gesten anderer Menschen zu studieren und zu deuten und sich Ihrer eigenen Gesten bewusst zu werden. Ein gutes Übungsfeld bietet sich überall dort, wo Menschen einander begegnen und in Interaktion treten. Vor allem auf einem Flughafen lässt sich die ganze Bandbreite menschlicher Gesten gut beobachten, weil die Menschen dort offen Aufregung, Wut, Kummer, Glück, Ungeduld und viele andere Emotionen mit ihrer Körpersprache ausdrücken. Gesellschaftliche Anlässe, geschäftliche Treffen und Partys bieten hervorragende Möglichkeiten zum Studium der Körpersprache, und auch beim Fernsehen kann man in dieser Hinsicht viel lernen. Stellen Sie den Ton ab und versuchen Sie zu verstehen, was passiert, indem Sie nur das Bild betrachten. Wenn Sie alle paar Minuten den Ton wieder einschalten, können Sie überprüfen, ob Sie mit Ihren Deutungen richtig liegen. Schon bald können Sie eine ganze Sendung ohne Ton sehen und, wie taube Menschen auch, verstehen, was passiert. Nehmen Sie sich selbst bei einer Präsentation mit einer Videokamera auf, spielen Sie die Aufnahme ohne Ton ab und lassen Sie Ihre Leistung von Ihren Freunden und Kollegen beurteilen.

Eine schnelle Einführung in die Körpersprache

Im Folgenden werden einige der üblichsten körpersprachlichen Gesten beschrieben, denen sie während Ihrer Präsentation wahrscheinlich begegnen werden.

Verschränkte Arme

Einige Beobachtungen und Ursprünge

Die vor dem Körper verschränkten Arme deuten auf eine distanzierte, ablehnende Haltung. Bei dieser angeborenen Geste legen 70 Prozent der Menschen den linken Arm über den rechten. Zu lernen, die Arme umgekehrt zu verschränken, ist fast unmöglich. Der Zweck dieser Arm-

Diese Nuss dürfte schwer zu knacken sein

haltung scheint der zu sein, Herz und Lunge vor Angriffen zu schützen, und aus diesem Grund greifen auch die meisten Primaten zu dieser Geste.

Untersuchungen zu dieser Geste zeigen, dass Zuhörer, die während eines Vortrags die Arme verschränken, von dem Gesagten 38 Prozent weniger behalten als diejenigen, die eine lockere Sitzhaltung einnehmen. Nach ihrem Urteil über den Vortragenden befragt, verwendeten die Zuhörer mit den verschränkten Armen kürzere Sätze, hatten weniger Augenkontakt, lehnten sich öfter zurück und beurteilten den Vortragenden kritischer als die Zuhörer, die ihre Arme nicht verschränkt hatten.

4.

5.

Armbarrieren können auch mehrere subtile Formen annehmen wie die teilweise verschränkten Arme (Abbildung 4), das Händchenhalten mit sich selbst (Abbildung 5), das ein Relikt aus der Zeit zu sein scheint, als die

Eltern Ihre Hand hielten, wenn Sie nervös waren, und das Halten eines Gegenstandes mit beiden Händen. Eine Handtasche, ein Glas oder eine Mappe mit beiden Händen zu halten, vermittelt ein Gefühl der Sicherheit, da beide Hände vor den Körper gehalten werden. Das Herumspielen mit einem Ring, einer Uhr oder einem Manschettenknopf an der anderen Hand oder dem anderen Arm dient dem gleichen Zweck. Abbildung 6 zeigt, dass der Mann rechts einen Gestenkomplex in einem korrekten Kontext gebraucht. Er hat die Arme verschränkt, die Beine gespreizt (männliche Aggression), eine Augenbraue hochgezogen (Missbilligung), lächelt schmallippig (Zurückhaltung) und sein Körper weist von den beiden anderen Personen weg. Er fühlt sich von ihnen ausgeschlossen, weil sie durch Spiegelung ihrer Gesten eine Beziehung herstellen.

6. Der Mann rechts fühlt sich ausgeschlossen

Angenommen jemand empfindet Ablehnung oder Abwehr und ist teilnahmslos oder feindselig. Mit großer Wahrscheinlichkeit wird er diese Haltung nonverbal signalisieren, indem er die Arme vor der Brust verschränkt. Untersuchungen haben auch gezeigt, dass die Merkfähigkeit eines Menschen, der die Arme verschränkt, um rund 40 Prozent abnimmt, und dass seine Einstellung kritischer wird.

Machen Sie dieses einfache Experiment. Lehnen Sie sich zurück und verschränken Sie fest die Arme vor der Brust. Was spüren Sie? Zurückhaltung? Unbeteiligtsein? Teilnahmslosigkeit? Studien zeigen, dass Sie die negative Wirkung des Armverschränkens erfahren, wenn Sie, aus welchem Grund auch immer, diese Geste benutzen. Es ist eine Sache von Ursache und Wirkung. Menschen, die gewohnheitsmäßig die Arme verschränken, behaupten immer, sie würden das »bequem« finden. Jede Haltung ist bequem, wenn man die entsprechende innere Einstellung hat. Doch selbst wenn das Armverschränken für Sie kein negatives Signal ist, wird Ihr Zuhörer sie unbewusst als negativ oder unnahbar einstufen. Deswegen ist es schwer, eine Gruppe von Leuten in einem kalten Raum zu überzeugen. Die ideale Raumtemperatur für Präsentationen sollte 21 °C sein.

Einige nützliche Strategien

1. Streichen Sie das Armverschränken aus Ihrem Repertoire. Ihre Zuhörer werden weniger von dem behalten, was Sie sagen, Ihren Vortrag kritischer beurteilen und Sie weniger mögen. Üben Sie sich in einer offenen Körpersprache.

2. Geben Sie Ihren Zuhörern, wenn möglich, Stühle mit Armlehnen. Das ermöglicht es ihnen, die Arme unverschränkt zu lassen, sodass ihre Teilnahmebereitschaft wächst. Stellen Sie Stühle ohne Armlehnen nicht zu eng nebeneinander, da dies die Teilnehmer dazu ermuntert, die Arme zu verschränken, um eine Berührung der neben ihnen sitzenden Person zu vermeiden.
3. Wenn Ihre Zuhörer mit verschränkten Armen dasitzen, können Sie die Situation lösen, indem Sie sie bitten, die Hand zu heben, um Fragen zu beantworten, ihnen Aufgaben stellen, die sie aktiv in Ihre Präsentation mit einbeziehen, Stifte und Papier austeilen, damit sie sich Notizen machen können, oder ihnen heiße Getränke servieren.

Hand-ans-Gesicht-Gesten

Einige Beobachtungen und Ursprünge

Alle Forscher, die Hand-ans-Gesicht-Gesten untersucht haben, sind sich darin einig, dass sie Ausdruck negativer Gefühle sind. Menschen in den westlichen Ländern grei-

Die ursprünglichen Hand-ans-Gesicht-Gesten

fen verstärkt zu diesen Gesten, wenn sie die Unwahrheit sagen. Asiaten hingegen vermeiden es aus religiösen Gründen, den Kopf zu berühren. Stattdessen werden beim Lügen ihre Füße unruhiger.

Beim Lügen den Mund zu bedecken ist vor allem typisch für Kinder, doch auch Erwachsene greifen, wie in Abbildung 7 zu sehen, zu dieser Geste. Lügen erhöht die Empfindlichkeit der Nase, sodass manchmal einfach nur die Nase berührt wird (Abbildung 8). Das Bedecken der Augen hindert uns daran, das anzuschauen, was wir nicht sehen wollen oder nicht glauben und ist der Ursprung des Augenreibens (Abbildung 9). Sich am Ohrläppchen zu zupfen, das Ohr zu reiben oder sich am Hals zu kratzen sind ebenfalls Anzeichen dafür, dass der Betreffende das Gesagte anzweifelt oder nicht glaubt.

7.

8.

9.

Einige nützliche Strategien

1. Deuten Sie Hand-ans-Gesicht-Gesten immer im Verbund und im Kontext. Verwechseln Sie eine juckende Nase nicht mit einem Täuschungsmanöver.
2. Vermeiden Sie während Ihrer Präsentation unbedingt Hand-ans-Gesicht-Gesten, da diese das Vertrauen Ihrer

Zuhörer schwächen. Üben Sie vor einer Videokamera oder einem Spiegel, um Berührungen des Gesichts zu vermeiden.
3. Greift jemand während Ihrer Präsentation zu Hand-ans-Gesicht-Gesten, versuchen Sie Folgendes –

»Wie ich sehe, haben Sie eine Frage – dürfte ich wissen, worum es geht?«

Eine direktere Version ist –

»Ihre Körpersprache sagt mir, dass Sie eine Frage haben – dürfte ich wissen, worum es geht?«

Achten Sie genau darauf, wie Sie die letzte Frage anbringen, da sie manchmal kränkend wirken kann – sie wird von Vernehmungsbeamten verwendet!

Positive Körpersignale

1. Zur Seite geneigter Kopf:

Wir neigen den Kopf zu Seite, wenn uns das, was wir sehen oder hören, interessiert. Wenn Ihr Kunde den Kopf neigt, sollten Sie mit Ihrer Präsentation fortfahren. Hält er den Kopf gerade, wackelt mit dem Kopf oder lässt das Kinn auf die Brust sinken, sollten Sie ihn in Ihre Präsentation

miteinbeziehen oder eine neue Richtung einschlagen.

2. Hand an der Wange:

Diese Geste ist Ausdruck einer positiven Bewertung Ihrer Präsentation. Die Hand ruht an der Wange, stützt aber nicht den Kopf. Der Finger berührt normalerweise die Schläfe. Wird der Kopf durch die Hand gestützt, lässt das Interesse nach.

3. Brillenbügel im Mund:

Statt am Brillenbügel saugt Ihr Gegenüber vielleicht auch an einem Kuli, einem Bleistift oder sogar den Lippen. Das zeigt an, dass der Betreffende eine Bewertung vornimmt und versucht, zu einer Entscheidung zu gelangen. Die Geste kann jedoch auch dazu dienen, eine Entscheidung hinauszuzögern, weil die Person das Gefühl hat, nicht antworten zu müssen, solange ihr Mund mit etwas anderem beschäftigt ist.

4. Bereitschaftshaltung:

Wir rücken näher an Menschen und Dinge heran, die wir interessant oder attraktiv finden. Diese Geste sollte nicht mit der Startposition verwechselt werden, die ähnlich aussieht, bei der jedoch beide Hände auf den Knien liegen und man den Eindruck gewinnt, als wolle der Betreffende jeden Moment losrennen, wahrscheinlich in Richtung Tür.

5. Zum Dach gefaltete Hände:

Diese Geste kann einzeln gedeutet werden, und ist ein Zeichen dafür, dass Ihr Gesprächspartner selbstsicher und überzeugt ist. Die Frage ist jedoch, überzeugt wovon? Überzeugt von Ihren Ausführungen? Überzeugt von der eigenen Kenntnis des Themas? Hat er alles schon einmal gehört? Der Kontext, in dem diese Geste verwendet wird, gibt Ihnen die richtige Antwort.

6. Beide Hände hinter dem Kopf:

Diese fast ausschließlich von Männern verwendete Geste soll dem Gesprächspartner mitteilen: »Das ist mir nichts Neues – das ist alles hinlänglich bekannt«. Versuchen Sie, diesem Mann eine Frage zu stellen wie »Ich merke, dass Sie sich auskennen – welche Erfahrungen haben Sie gemacht?« Das kann je nach Kontext, in dem die Geste verwendet wird, zu einer Zusammenarbeit oder zu einer Diskussion führen.

1. Kritische Bewertung:

Diese Geste ist sehr verbreitet und weist auf negative Gedanken des Zuhörers hin. Der Zeigefinger zeigt senkrecht aufwärts, der Daumen stützt das Kinn und der Mittelfinger befindet sich neben oder über dem Mund. Eine Frage wie »Welcher Meinung sind Sie?« kann den Betreffenden aus der Reserve locken.

2. Abzupfen nicht vorhandener Fusseln:

Zupft ein Mensch imaginäre Fusseln von seiner Kleidung, ist dies ein Zeichen dafür, dass er das, was man sagt, missbilligt. Während er diese Geste ausführt, schaut er zur Seite. Zu sagen, »Ich merke, dass Sie eine Frage haben«, könnte bei diesem Menschen eine erfolgreiche Vorgehensweise sein.

3. Kragenzupfen

Ist jemand unausgesprochen zornig oder verärgert, wird ein leichtes Prickeln im Nacken spürbar, das den Wunsch auslöst, den Kragen vom Nacken wegzuziehen. Das gleiche Gefühl stellt sich beim Schwindeln ein. Eine Frage wie »Welcher Ansicht sind Sie?« könnte hier helfen.

4. Sich den Nacken reiben, sich an den Kopf schlagen

Nehmen Anspannung und Frustration noch zu, wird auch das Kribbeln im Nacken stärker. Um dieses Kribbeln abzustellen, reibt man sich normalerweise mit der Hand den Nacken, so als habe man Schmerzen, oder schlägt sich an den Hinterkopf. Verursacht wird das Kribbeln durch winzige Muskeln im Nacken, die versuchen, ein nicht existentes Fell aufzurichten.

5. Langsamer Lidschlag:

Diese irritierende Geste wird von Menschen verwendet, die sich für besser, gescheiter, reicher oder cleverer halten. Oft stellen sich die Betreffenden dabei noch auf die Fußballen, um größer zu wirken. Durch das Schließen der Augen blendet das Gehirn aus, was es nicht sehen möchte. Diese Augenbarriere kann ein Ausdruck von Verachtung sein.

6. Bein über der Armlehne

Hier haben wir es mit einer Kombination von Bedeutungen zu tun. Zum einen zeigt die Geste, dass man entspannt und selbstsicher ist, vor allem wenn es sich nicht um den eigenen Stuhl handelt. Zum anderen signalisiert das über die Armlehne gelegte Bein aber auch einen Besitzanspruch und ist damit eine Territorialgeste. Im Allgemeinen zeugt diese Haltung von Gelassenheit und Gleichgültigkeit.

7. Rittlings sitzen

Dies ist vor allem eine männliche Geste, die Dominanz oder Überlegenheit vermitteln soll. Die Stuhllehne schützt vor möglichen »Angriffen«, und die gespreizten Beine sind ein klassischer Trick, männliche Durchsetzungskraft zu demonstrieren. Versuchen Sie nie, mit einem Stuhlreiter zu diskutieren. Beziehen Sie ihn in Ihre Präsentation mit ein, oder bitten Sie ihn, den Stuhl richtig herum zu stellen.

8. Langsames Händereiben:

Das Tempo, mit dem eine Person die Handflächen aneinander reibt, verrät normalerweise deren Gefühle. Schnelles Händereiben zeigt an, dass man

sich über den positiven Nutzen für alle Beteiligten freut. Langsames Händereiben ist hingegen Ausdruck davon, dass man erwartet, aus einer Situation persönliche Vorteile zu ziehen oder Profit zu schlagen.

Ein letztes Wort

Körpersprache ist wie ein Puzzle – die meisten von uns verfügen über viele der Teile, haben sie aber nie zu einem Bild zusammengesetzt.

Denken Sie immer an Regel Nr. 1 der Körpersprache – interpretieren Sie Gesten nie isoliert, sondern immer im Verbund. Berücksichtigen Sie den Kontext, in dem die Signale auftauchen, sowie kulturelle Unterschiede.

Die Körpersprache lesen zu können, heißt, das Offensichtliche in Alltagssituationen zu erkennen.

Betrachten Sie nun die folgende Abbildung. Was sehen Sie?

Zusammenfassung

Wie oft haben Sie jemanden sagen hören, »Sie ist ein Naturtalent« oder »Er ist der geborene Verkäufer«, wenn es um einen Top-Networker ging?

Sie werden es jedoch nie erleben, dass jemand als der »geborene Ingenieur«, der »geborene Apotheker« oder der »geborene Arzt« beschrieben wird. Wir wissen, dass es sich hier um Berufe mit wissenschaftlichem Hintergrund handelt.

Eine Wissenschaft beinhaltet Fertigkeiten oder Techniken, die man sich durch ein auf Beobachtungen, Experimenten und Messungen basierendes systematisches Studium aneignet.

Top-Networker sind keine »Naturtalente« und werden auch nicht »geboren«. Top-Networking ist eine Wissenschaft, eine erlernbare Kunst wie jede andere Wissenschaft. Dieses Buch vermittelt Ihnen einige wirkungsvolle Techniken. Es zeigt Ihnen, wie Sie diese anwenden und Ihren Fortschritt messen können und was Sie beim Umgang mit Menschen beachten müssen. Die Wissenschaft des Networking ist eine erlernbare Fertigkeit, welche die gleiche Hingabe, Ausdauer und Übung erfordert wie alle anderen Wissenschaften.

Eine der größten Herausforderungen, denen sich Networker auf ihrem Weg zum Erfolg gegenübersehen, ist die erhöhte Sensibilität für negative Reaktionen. Wenn Sie die in diesem Buch erklärten Techniken verwenden, werden Sie verstehen, dass jedes »Nein« im Grunde genommen ein positiver Schritt zur Erreichung Ihrer Ziele ist. Dass Sie Ihre Durchschnitte halten, wird ein ständiger Beweis dafür sein.

Dieses Buch enthüllt die Geheimnisse des »Wie«, das für viele das größte Hindernisse darstellt. Jetzt sind Sie an der Reihe.

Das Network-Marketing Business hat sich praktisch über Nacht entwickelt, ohne Werbung, und könnte zu einem wirklich großen Geschäftsmodell werden. Sein Erfolg hängt von einer auf Empfehlung basierenden Verbreitung ab, und es wird fast ausschließlich vom Enthusiasmus der Beteiligten vorangetrieben. Hier eröffnen sich Perspektiven von einer nie dagewesenen Dynamik.

Dieses Buch ermöglicht Ihnen den Zugang zu den Schätzen, die dieses System bereithält, und ebnet Ihnen den schnellen Weg zum Erfolg. Alle hier gemachten Vorschläge wurden erprobt und getestet. Alles wird funktionieren, vorausgesetzt Sie tun es. Es wird keine Entschuldigung mehr geben, das Gewünschte nicht erreicht zu haben. Setzen Sie sich Ziele und nichts wie ran!

Allan & Barbara Pease

Warum nicht Allan Pease als Redner zu Ihrer nächsten Konferenz einladen ...?

Ergebnisorientierte Kommunikation

Nach dieser Sitzung werden Sie sich und Ihre Gesprächspartner mit anderen Augen sehen. Sie werden in der Lage sein, zwischen den Zeilen zu lesen und Ihr Gegenüber, dessen körpersprachliche Signale Sie nun zu deuten vermögen, besser verstehen. Sie werden auch herausfinden, wie Sie Ihre Briefe, Faxe und E-Mails wirkungsvoller und mit mehr Pep gestalten und wie Sie sich kleiden sollten, um Ihren Erfolg zu optimieren. Mitreißend, pointiert und humorvoll.

»Allan Pease ist höchst amüsant. Mir war nie klar, dass man so viel lachen und gleichzeitig so viel lernen kann. Zudem wurde Allans Vortrag den hohen Ansprüchen einer Universität gerecht.«

Dr. phil. Blair Stone, Dozent der Macquarie University

Warum Männer nicht zuhören und Frauen schlecht einparken

Spektakuläre neue Forschungsergebnisse zeigen, dass das Gehirn von Mann und Frau völlig unterschiedlich programmiert ist, sodass sich auch ihre Wahrnehmung der Welt stark voneinander unterscheidet. Zu verstehen, wie das Gehirn funktioniert, ist ein wichtiger Schlüssel zum Erfolg im Geschäfts- wie im Privatleben. Ein überzeugender und unglaublich unterhaltsamer Vortrag.

»Unsere Auswertung der Kommentare ergab, dass 95 Prozent der Teilnehmer Allan 10 von 10 möglichen Punkten für den Inhalt gaben und 97 Prozent 10 von 10 möglichen Punkten für die Präsentation insgesamt. Ich habe noch nie erlebt, dass ein Redner solch erstaunliche Bewertungen erhielt. ›Ausgezeichnet‹, ›Großartiger Redner‹, ›augenöffnend‹ waren nur einige der Kommentare.«

Mary Waters, Executive Director,
Association of Funeral Directors

Wie man mit den Meinungen anderer umgehen kann.

Drei von vier Menschen, denen Sie begegnen, denken anders als Sie. Dieses Programm zeigt Ihnen, wie Sie sich in einen anderen Menschen hineinversetzen und die Dinge durch seine Augen sehen können, um zu erkennen, worauf er anspringt und was ihn kalt lässt.

»Allans aufschlussreicher und unvergesslicher Vortrag über menschliche Beziehungen war gleichermaßen informativ und unterhaltsam und gab den Teilnehmern die Möglichkeit, am Ende eines anstrengenden Tages in einer entspannten Atmosphäre Neues zu lernen.«

Chris Earnshaw, Managing Director,
British Telecom

Der Showmaster

»Die Teilnehmer waren einhellig der Meinung, dies sei unsere beste Konferenz gewesen, und es war ehrlich gesagt allein Allans Verdienst. Sie waren gefesselt von dem Moment an, als er die Bühne betrat, und ihr Enthusiasmus sowie ihre Motivation nahmen mit jedem weiteren seiner Auftritte sichtlich zu. Seine Darstellung war mehr als hinreißend und unterhaltsam; einfach brillant. Mit seiner Präsentation zog Allan die Teilnehmer im Sturm in seinen Bann, vielen Dank.«

K. L. Wear, Managing Director,
Natwest Life & Investment

Pease International Pty Ltd

PO Box 1260
Buderim
QLD 4556 Australia
Telefon 0061-7-5445 5600
Fax 0061-7-5445 5688

183 High Street
Henley in Arden
West Midlands B95 5BA
England
Telefon 0044-1564-795000
Fax 0044-1564-793053

Internet www.peaseinternational.com
E-Mail info@peaseinternational.com

Unter oben genannten Adressen erhältlich:

Videos
Body Language Series
Silent Signals
How to make Appointments by Telephone
Best of Body Language
Why Men Don't Listen and Woman Can't Read Maps

Hörbücher
The Body Language Workshop
The Four Personality Styles Workshops
How to make Appointments by Telephone
How to Develop a Powerful Memory

Die ganze Wahrheit über Männer und Frauen

Das Beste von Allan & Barbara Pease zusammen mit den hinreißenden Cartoons vom Starzeichner Peter Gaymann. Amüsant, lehrreich und mit vielen Aha-Effekten zeigen die beiden Bestseller-Autoren die fundamentalen Unterschiede zwischen weiblichen und männlichen Denk- und Verhaltensweisen auf.

Allan & Barbara Pease

Männer zappen und Frauen wollen immer reden

Mit Illustrationen von Peter Gaymann

ULLSTEIN TASCHENBUCH

Die Originalausgabe erschien 2000 bei
Pease International Pty Ltd, Buderim, Australien

ISBN-13: 978-3-550-07869-9
ISBN-10: 3-550-07869-2

Gesetzt aus der Guardi und Syntax
bei LVD GmbH, Berlin
Druck und Bindung: Bercker, Kevelaer
Printed in Germany